Literaturwissen

für Schule und Studium

Gotthold Ephraim Lessing

Von Wolfgang Kröger

Philipp Reclam jun. Stuttgart

Mit 10 Abbildungen

Universal-Bibliothek Nr. 15206

Umschlagabbildung: Gotthold Ephraim Lessing.
Kupferstich von J. F. Bause, 1772
Gesamtherstellung: Reclam, Ditzingen. Printed in Germany 1999

ISBN 3-15-015206-2

Inhalt

I. Zeittafel

1729 Gotthold Ephraim Lessing wird am 22. Januar in **Kamenz** (Oberlausitz) geboren. Kamenz, eine arme 4000-Seelen-Gemeinde, gehört zum oberlausitzischen Sechsstädtebund und liegt auf der Strecke, die den Ostjuden auf dem Weg zur Leipziger Messe vorgeschrieben war. Der Vater, Johann Gottfried Lessing, ist von 1733 an Pastor Primarius in der Kamenzer Marienkirche und Vertreter der lutherischen Orthodoxie. Die Mutter, Justina Salome Feller, ist eine Pfarrerstochter aus Kamenz. Gotthold Ephraim kommt als drittes von zwölf Kindern zur Welt; fünf dieser Kinder sterben in frühem Alter.
In diesem Jahr wird auch Moses Mendelssohn (in Dessau) geboren.

1741 Ein Jahr nach dem Regierungsantritt Friedrichs II. in Berlin erhält Lessing nach dem Besuch der Lateinschule in **Kamenz** und herausragenden Leistungen beim Aufnahmeexamen ein Stipendium für die Fürstenschule St. Afra in **Meißen**. In dem »engen Bezirke einer klosterähnlichen Schule« (so Lessing selbst) herrscht strenge Internatsdisziplin. Hier soll begabten Landeskindern eine besonders qualifizierte Ausbildung zuteil werden. Schon als Schüler versucht sich Lessing als Schriftsteller, verfaßt Lieder und lehrhafte Gedichte und entwirft das Lustspiel *Der junge Gelehrte*. Lessing kann die Schule ein Jahr früher als üblich verlassen. Er schreibt in lateinischer Sprache, hat Griechisch, Hebräisch und Französisch gelernt und ist durch die spezielle Förderung seines Mathematiklehrers Klimm auch mit literarischen und philosophischen Gegenwartsströmungen bekannt geworden.

1746–48 Lessing studiert an der sächsischen Landesuniversität in **Leipzig**, wo ihm als Fürstenschüler ein Stipendium bereitgestellt wird. Zunächst widmet er sich der

Theologie, doch bald verlagert der junge Student seinen Studienschwerpunkt auf die humanistischen Fächer. Dann aber tritt das gesellige und literarische Leben in der pulsierenden Handelsstadt Leipzig mehr und mehr an die Stelle des akademischen Betriebs. Ein älterer »Vetter«, der weitläufig verwandte Christlob Mylius, öffnet dem jungen Studenten Zugänge zu dieser Sphäre. Mit Mylius und dem Kommilitonen Christian Felix Weiße verkehrt Lessing in der Schauspieltruppe der Caroline Neuber. Mylius ermöglicht ihm erste Veröffentlichungen von anakreontischen Gedichten und Epigrammen. Lessing gibt nun das Theologiestudium auf und wird vom besorgten Vater unter dem Vorwand, die Mutter sei todkrank, nach Hause beordert. Der heimkommandierte Student grenzt sich deutlich von seinem Vater ab und kehrt, als ein Gönner sich bereit erklärt hat, seine Universitätsschulden zu übernehmen, nach Leipzig zurück. Lessing schnuppert nun in andere Fakultäten, vor allem in die medizinische, hinein. Doch sein Hauptengagement gilt wieder dem Theaterbetrieb und den eigenen literarischen Versuchen. Im Januar 1748 wird *Der junge Gelehrte* von der Neuberin mit großem Erfolg uraufgeführt. Da Lessing wegen finanzieller Bürgschaften für Schauspieler erneut in Bedrängnis kommt, muß er Leipzig verlassen, um sich seinen Gläubigern zu entziehen. Den Weg nach Berlin unterbricht er krankheitsbedingt in **Wittenberg**. Dort studiert er für einige Monate weiter Medizin. Im November 1748 kommt Lessing in **Berlin** an.

1749–51 In Berlin beginnt Lessings Existenz als »freier Schriftsteller«. Über Christlob Mylius erhält er Zugang zur »Berlinischen Privilegirten Zeitung« (die spätere »Vossische«). Die Residenzstadt Berlin bietet ihm mit ihrem expandierenden Zeitschriftenmarkt eine gewisse ökonomische Basis. Theaterarbeiten, umfassende gelehrt-antiquarische Studien, Etüden in verschiedenen literarischen Kleinformen, vor allem aber journalistisch-rezensierende Artikel sind für die ersten Berliner Jahre typisch und machen seinen Namen bekannt. 1749 schon entstehen *Die Juden* und *Der Freigeist*. Das zeitpolitische Stück *Samuel Henzi* bleibt ein Dramenfragment im Alexandriner-Versmaß. Lessing kommt während dieser Berliner Jahre in engen freundschaftlichen Kontakt zu Moses Mendelssohn, und er lernt den Schriftsteller und Verleger Friedrich Nicolai kennen. Im Sommer 1755 beginnt die Freundschaft mit Ewald Christian von Kleist.

1752 In diesem Jahr schließt Lessing, nachdem ihn der in Berlin am Hof lebende Voltaire noch leicht abschätzig als »Kandidat der Medizin« tituliert hatte, sein Studium in **Wittenberg** ab. Er übersetzt die Arbeit eines spanischen Arztes und wird nach einer öffentlichen Disputation zum Magister der freien Künste promoviert. Horazstudien, die Aufarbeitung theologischer Dispute der Reformationszeit, das Schreiben von Epigrammen prägen diese Zwischenperiode in Wittenberg.

1753 Lessing ist in Berlin so bekannt und so selbstbewußt, daß er, 24jährig, eine sechsteilige Sammlung von *Lessings Schriften* herauszugeben beginnt: Gedichte, Briefe, literarische Ausgrabungs- und Rehabilitierungsversuche, Jugendlustspiele; später (1755) kommt abschließend *Miß Sara Sampson*, ein ganz neuartiges »bürgerliches Trauerspiel«, hinzu. Aus dem armen, abgerissenen Pastorensohn ist in den wenigen Berliner Jahren der erste Kritiker Deutschlands geworden, aus dem kleinen Verseschmied ein junger Autor, der sich die deutsche Literatur neu zu definieren traut. Sein polemischer Stil ist gefürchtet, seine dramatischen Versuche eröffnen dem Theater Neuland und sprengen die Festlegungen Gottscheds.

1754 Lessing veröffentlicht neben journalistischen und theaterkritischen Arbeiten die polemische Schrift *Vade mecum für Herrn Samuel Gotthold Lange, Pastor in Laublin-*

gen; er greift darin Lange als einen damals durchaus bekannten Dichter, der die Protektion des preußischen Königs genießt, schonungslos an.

1755–57 Lessing zieht sich im Frühjahr 1755 für einige Zeit nach **Potsdam** zurück und schreibt dort in wenigen Wochen *Miß Sara Sampson*. In Anwesenheit des Autors wird dies »bürgerliche Trauerspiel« im Juli des Jahres in Frankfurt an der Oder uraufgeführt. Im Oktober 1755 kehrt Lessing nach **Leipzig** zurück. Für das Jahr 1756 plant er zusammen mit dem jungen Kaufmannssohn Johann Gottfried Winkler eine große Bildungsreise. Im Mai 1756 bricht man über Halberstadt, Wolfenbüttel (Besuch der Bibliothek) und Hamburg (Begegnung mit Klopstock) nach England auf. Doch im Herbst des Jahres findet die Reise ein abruptes Ende in Amsterdam, weil Winkler in den Krisenwochen zu Beginn des von Preußen begonnenen »Siebenjährigen Krieges« nach Leipzig zurückwill. Lessing beschäftigt sich mit dem Faust-Stoff und diskutiert in einem Briefwechsel mit den Berliner Freunden Mendelssohn und Nicolai das Wesen und die Wirkungen des Trauerspiels.

1758–60 Lessing ist wieder in **Berlin**. Seine Versuche, in der preußischen Residenz eine Anstellung zu finden, schlagen fehl. Die Fürsprache der Freunde vermag nichts, da sich der preußische König selbst gegen Lessing stellt. In dieser Zeit vertieft sich die Freundschaft mit Ewald von Kleist, doch Lessing kann den Freund nicht davon abhalten, in den Kämpfen des Krieges den Tod zu suchen: Major von Kleist wird in der Schlacht von Kunersdorf im August 1759 tödlich verwundet. Im Frühjahr 1759 hat Lessing das einaktige Trauerspiel *Philotas* geschrieben und darin das Unmenschliche des Heroismus bloßgestellt. *Abhandlungen zur Fabel*, Studien zu Sophokles, vor allem aber die *Briefe, die neueste Literatur betreffend* erscheinen. Diese dienen insbesondere der Abgrenzung gegenüber den poetischen Regelsystemen des Leipziger Literatur-Professors Gottsched.

Lessing. Gemälde von Anton Graff, 1771

1760–64 Am 7. November 1760 verläßt Lessing, ohne bei den Freunden Abschied zu nehmen, Berlin und nimmt in **Breslau** die Stelle eines Sekretärs bei dem preußischen General Tauentzien an. Er führt für den Garnisonskommandanten den Briefwechsel mit dem Hof in Berlin. Lessing widmet sich intensiv dem Glücksspiel, studiert in den Breslauer Bibliotheken, besucht hin und wieder das Theater und verstummt über Jahre hin als Schriftsteller. Er arbeitet literarisch am »Laokoon«-Thema und der Frage, wie tödlicher Schmerz in der bildenden Kunst (Marmor-Gruppe mit der Laokoon-Szene in Rom), im Epos (Vergils Erzählung von Laokoon) und auf dem Theater darzustellen wäre. Der Siebenjährige Krieg selbst wird in der dramatischen Arbeit *Minna von Barnhelm* thematisiert.

1765–67 Lessing lebt wieder in **Berlin**. Zur Ostermesse 1766 erscheint der *Laokoon*. Die Zeitkomödie *Minna von Barnhelm* wird 1767 gedruckt.

1767–69 Lessing wird im November 1766 die Stelle eines Hausdramatikers am neugegründeten »Nationaltheater« in Hamburg angeboten. Er geht im Frühjahr 1767 als Dramaturg nach **Hamburg**, um das laufende Programm anzuregen und zu kritisieren. Seine Arbeit dokumentiert er publizistisch in der *Hamburgischen Dramaturgie*, deren Teile mehr und mehr ins Grundsätzliche zielen, weil die Hamburger Theaterpraxis enttäuschend verläuft. Zusammen mit einem Freund gründet Lessing eine eigene Druckerei, doch dieser Versuch, ökonomisch erfolgreicher und selbständiger zu werden, scheitert aus finanziellen Gründen ebenfalls. Das ganze Hamburger Unternehmen hat Züge des Utopischen an sich.

Die *Briefe antiquarischen Inhalts* und *Wie die Alten den Tod gebildet* erscheinen. Sie sind mit scharfer Polemik gegen den Hallensischen Professor Christian Adolf Klotz gerichtet, der mit seinen akademischen Verbindungen zu einem Rivalen für den »Meinungsführer« Lessing zu werden drohte. In der kleinen Schrift *Wie die Alten den Tod gebildet* verlebendigt Lessing die antike Vorstellung vom Tod als Bruder des Schlafs und stellt sie gegen das Sensenmann-Bild der christlichen Tradition.

1770–81 Nach dem finanziellen Ruin in Hamburg nimmt Lessing die Stelle als Hofbibliothekar in der herzoglichen Bibliothek **Wolfenbüttel** an. Seine Bücherleidenschaft, aber auch der Wunsch, seine finanzielle Situation zu konsolidieren und eventuell heiraten zu können, überwinden seine Vorbehalte gegen eine Stelle im Hofdienst.

1771 Lessing verlobt sich mit der Hamburger Kaufmannswitwe Eva König. Seit Sommer 1770 stand er mit ihr im Briefwechsel; ihr Mann, der Seidenhändler Engelbert König, war 1769 auf einer Geschäftsreise in Italien verstorben und hatte seine Frau und die vier Kinder dem Freund Lessing anvertraut. Lessing wird Mitglied einer Freimaurerloge in Hamburg; die Praxis der Freimaurer enttäuscht und langweilt ihn allerdings.

1772 Im Winter 1771/72 entsteht das Trauerspiel *Emilia Galotti*, das zum Geburtstag der Herzogin am 13. März 1772 in Braunschweig uraufgeführt wird. Lessing vermeidet das Rührselige seiner *Miß Sara Sampson* und weckt mit einem Drama voll rascher Handlungsabläufe und Ambivalenzen Nachdenklichkeit und offene Fragen beim Publikum.

1774–78 Lessing veröffentlicht verschiedene Stücke der *Fragmente eines Ungenannten*, der nachgelassenen Schriften des Hamburger Professors Hermann Samuel Reimarus. Lessing hat das Manuskript der »Apologie oder Schutzschrift für die vernünftigen Verehrer Gottes« von Elise Reimarus, der Tochter, erhalten. Er nutzt die Veröffentlichung und Kommentierung dieser *Fragmente* zur Inszenierung einer breitangelegten religionskritischen Debatte, die sich in mannigfachen Streitschriften während der Jahre 1777–79 entfaltet. Lessing greift in seinen eigenen Abhandlungen

(*Über den Beweis des Geistes und der Kraft*, *Das Testament Johannis*, *Eine Duplik*) exemplarische theologische Positionen an und deckt ihre Aporien auf. In den *Gegensätzen des Herausgebers* widerspricht er 1777 auch dem Fragmenten-Verfasser H. S. Reimarus selbst, und durch die Art seines Widerspruchs ist die Basis für die 1778 folgende Auseinandersetzung mit dem Hamburger Pastor Goeze gelegt.
Lessing durchbricht die Wolfenbütteler Isolation durch häufige Reisen (Hamburg, Berlin, Leipzig, Mannheim, Wien). 1775 muß er, eher unfreiwillig, den braunschweigischen Prinzen auf einer mehrmonatigen Italienreise begleiten.
Im Oktober 1776 kann Lessing endlich in der Nähe von Hamburg Eva König heiraten: erst jetzt empfindet er seine finanzielle Situation als hinreichend gesichert.
Lessing versucht mehrfach, Wolfenbüttel zu verlassen und wieder unabhängig zu werden. Der Plan, die Leitung des Mannheimer Theaters zu übernehmen, schlägt fehl.
Lessings Sohn Traugott wird Weihnachten 1777 geboren, stirbt aber schon einen Tag nach der Geburt. Am 10. Januar 1778 stirbt Lessings Frau an den Folgen dieser Geburt. In sarkastisch-bitteren und zugleich beherrschten Briefen unterrichtet Lessing die Freunde in Braunschweig von seinem Unglück: »Ich wollte es auch einmal so gut haben, wie andere Menschen. Aber es ist mir schlecht bekommen« (31. Dezember 1777). Das Sterbezimmer seiner Frau wird Lessings Arbeitsplatz für die *Anti-Goeze-Schriften* des Jahres 1778. Gegen den machthungrigen Geltungsanspruch der lutherischen Orthodoxie stellt er die brillante Polemik, die dem Konflikt Öffentlichkeit verschafft; gegen den dogmatischen Wahrheitsbegriff formuliert er ein geschichtlich offenes Wahrheitsverständnis. Die »Suche« nach der Wahrheit ist das dem Menschen Zukommende, nicht die Behauptung einer unwidersprechlichen Wahrheit.
Im August 1778 entzieht der Herzog seinem Hofrat Lessing die Zensurfreiheit in dieser Auseinandersetzung mit

Eva König. Gemälde von Georges Desmarées

dem Hamburger Hauptpastor. Lessing sucht daraufhin seine »alte Kanzel«, das Theater, wieder auf und arbeitet an seinem *Nathan*-Drama, das 1779 gedruckt vorliegt.
Im September 1778 erscheinen die »Freimäurergespräche« *Ernst und Falk*. In philosophischen Dialogen nach sokratischem Muster läßt Lessing zwei Freimaurer über das tiefere, verborgene Wesen der Freimaurerei spekulieren: es müsse darin liegen, alle sozialen, politischen, religiösen und nationalen Trennungen zu überwinden und diese notwendige Utopie auch dann nicht aus dem Auge zu verlieren, wenn sie noch nicht realisierbar erscheine. Von einer solchen Utopie ist auch der *Nathan* durchdrungen, wenn in diesem Stück Menschen, die durch Religion und Rasse getrennt zu sein scheinen, als Freunde und Verwandte zueinanderfinden. Doch kann in der Realität gelingen, was das Theater im »happy end« hervorzaubert? Das *Nathan*-Drama selbst vergegenwärtigt die Kreuzzug-Realität, zeigt verschiedene Spielarten des Judenhasses, weiß um die Mechanismen der Macht, die auch den »guten Sultan« bestimmen, und zeigt die Einsamkeit Nathans.

1780/81 1780 publiziert Lessing (anonym) seine Schrift *Die Erziehung des Menschengeschlechts* im Zusammenhang (Teilpublikation schon 1777). Er entwirft ein geschichtsphilosophisches Zukunfts- und Fortschrittsmodell, wiederum mit skeptischen Fragezeichen versehen.
Friedrich Heinrich Jacobi sucht Lessing im Sommer 1780 in Wolfenbüttel auf und legt ihm Goethes unveröffentlichtes Prometheus-Gedicht vor. Später wird Jacobi behaupten, Lessing habe sich dabei positiv zum Pantheismus und zur Philosophie Spinozas geäußert. Mit der »Spinozadebatte« eröffnet Jacobi einen Streit um Lessing, der nach dessen Tod beginnt und großes Aufsehen erregt.
Lessing besucht 1780 noch einmal Hamburg und trifft Elise Reimarus. Die zunehmende Erblindung und die Einsamkeit in Wolfenbüttel machen ihm zu schaffen. Am 29. Januar er-

Lessings Totenmaske, abgenommen 16. Februar 1781

leidet er einen »Stickfluß«. Am 5. Februar 1781 stirbt Lessing in **Braunschweig**. Der Braunschweiger Schutzjude und Kunsthändler Alexander Daveson, der durch Lessings Intervention aus dem herzoglichen Gefängnis freigekommen war, ist am Sterbeabend bei ihm und Amalie König, seine Stieftochter. Lessing stirbt kurz nach seinem 52. Geburtstag, seit Monaten erschöpft und schläfrig und am Ende völlig verarmt.

II. Autor und Werk

Gotthold Ephraim Lessing ist der wichtigste Vertreter der Aufklärungsliteratur im deutschsprachigen Bereich. Sein Einfluß ist so vorherrschend, seine Bedeutung schon unter den Zeitgenossen so unumstritten, daß man sich beinah genötigt sieht, die Aufklärungsepoche, zumindest in ihrer zweiten Phase, in Deutschland präziser und zutreffender als Lessingzeit zu bezeichnen. Denn dieser deutsche Aufklärer paßt sich in keine Definition von »Aufklärung« ein. Er überschreitet in seiner literarischen Praxis, in seinen polemischen Schriften und in seiner Lust am Selbstdenken auch die Regelsysteme aufklärerischer oder philosophisch-ästhetischer Festlegungen.[1]

Lessing ist der einzige Autor seiner Epoche, dessen Werke ihren festen Platz auf den Bühnen der Gegenwart haben. Seine *Minna von Barnhelm*, ein »Lustspiel« über den Krieg, hat die Komödientradition in Deutschland geprägt. Nach dem publikumswirksamen Rührstück *Miß Sara Sampson* hat Lessing mit *Emilia Galotti* neue Maßstäbe für das bürgerliche Trauerspiel gesetzt und sich selbst auf eine Weise korrigiert, daß sein Drama noch immer lebendig und rätselhaft wirkt. Mit *Nathan der Weise* hat er die engen Grenzen der dramatischen Gattungen überschritten und ein Lebensthema, den Kampf gegen den Antisemitismus, weitergeführt.

Lessing war in seiner Zeit der erste Autor, dem es über einen längeren Zeitraum gelungen ist, als freier Schriftsteller zu leben. Erst die aus der geplanten Familiengründung sich ergebenden Konsequenzen haben ihn veranlaßt, die Bibliothekarsstelle in einem höfischen Milieu anzunehmen.

Lessing hat die engen Festlegungen der Gottschedschen

1 Vgl. zur Epochenproblematik und speziell zu den Unterschieden zwischen Lessing und Kants »Aufklärungsdefinition«: Wolfgang Kröger, *Nathan der Weise*, München ^{2}1991, S. 82–85.

Poetik gesprengt. Er machte die antiken Autoren und Shakespeare zum Maßstab der eigenen literaturtheoretischen Überlegungen und entzog die deutsche Literatur damit dem vorherrschenden Einfluß des französischen Klassizismus. Lessing wandte sich gegen das Ideal eines stoischen Heroismus und setzte darauf, daß das Mitleid eine Kraft sei, die den Menschen verändern und bewegen könne. Er zielte dabei nicht auf Larmoyanz, sondern auf intelligentes, auch kopfschüttelnd-staunendes Mitempfinden des Zuschauers. Er legte seinen Lesern und seinem Publikum keine Resultate, keine Antworten, keine fertigen Konzepte vor, sondern ihm ging es darum, Fragen anzuregen, eigenes Nachdenken zu fördern, Widersprüchlichkeiten aufzudecken, Aporien zu benennen. Seine Dramen enden darum häufig unbefriedigend, sie lassen Fragen offen und Probleme ungelöst. Sein Stil ist essayistisch und unsystematisch; Selbstwidersprüche waren nichts, was er fürchtete.

Der Pastorensohn Lessing, der selbst in der Tradition des orthodox-protestantischen Antijudaismus aufgewachsen ist, entdeckte in der Diskriminierung der Juden das deutlichste Exempel für die soziale Ausgrenzung von verachteten Minderheiten. Der Antisemitismus war für ihn das typische, tiefverwurzelte und zu furchtbaren Konsequenzen führende Vorurteil der abendländischen Welt. Seine Studien der jüdischen Literatur und Tradition und sein freundschaftlicher Umgang mit jüdischen Kreisen schufen die Voraussetzungen für sein Jugenddrama *Die Juden* und für sein letztes Drama, den *Nathan*.

Es gelang Lessing in seiner Wolfenbütteler Zeit, eine theologische Debatte zu initiieren, die es in dieser Breite und Öffentlichkeit seit der Reformationszeit nicht gegeben hatte und die bis heute nachwirkt. Er betonte auch hier wieder den Stellenwert des eigenen Urteils, des Selbstdenkens, des mutigen Ich-Sagens: »Ich bin Liebhaber der Theologie, und nicht Theolog. Ich habe auf kein gewisses System schwören müssen. Mich verbindet nichts, eine andre Sprache, als die meinige, zu reden« (*Axiomata*, gegen Goeze, im März 1778). Als Zwanzigjähriger hatte Lessing an seinen Vater, den Kamenzer Pfarrer, geschrieben und damit bekundet, daß er mit *eigenen* Augen sehen und urteilen wolle: »Die christliche Religion ist kein Werk, das man von seinen Eltern auf Treue und Glaube annehmen soll« (30. Mai 1749). Und gleichzeitig hat dieser Aufklärer gewußt, wie rätselhaft dies Wort »ich« ist und wie wenig man für sich selbst einstehen kann: Emilia Galotti weiß, daß sie der Gewalt zwar trotzen könnte, aber sie erlebt sich selbst als verführbar und sieht deshalb nur noch den Freitod als Weg. Am Ende seines Lebens suchte Lessing selbst, wie so viele seiner Dramenfiguren (Tellheim, Appiani, der Derwisch und der Klosterbruder), einen Exilort, wo man die Identität wahren könnte: er bat in einem verzweifelten Brief Moses Mendelssohn, einem Juden aus Braunschweig, dem der Herzog übel mitgespielt hatte, »den kürzesten und sichersten Weg nach dem europäischen Lande vor[zu]schlagen, wo es weder Christen noch Juden gibt [...]; aber sobald er glücklich da angelangt ist, bin ich der erste, der ihm folgt« (19. Dezember 1780).

Dies alles macht Lessing zu einer Ausnahmeerscheinung und zugleich zu einem Repräsentanten seiner Zeit. Lessing »besetzt« die zeitlich zentrale Position in der deutschen Aufklärungsepoche. Leibniz und Thomasius waren schon tot, ehe Lessing geboren wurde. Der Schulphilosoph Christian Wolff und der »Literaturpapst« Gottsched waren entschieden älter. Zwar trat Mitte der siebziger Jahre die Genie-Bewegung des »Sturm und Drang« auch öffentlich in Erscheinung und erregte Aufsehen, doch war Lessing von 1755 (*Miß Sara Sampson*) bis 1779 (*Nathan*) der bestimmende Kritiker und Autor.

Als zweites wird Lessings Zentralstellung durch die Breite und Vielfalt seiner Arbeiten begründet: Er ist als Lieder- und Odendichter, als Epigrammatiker und Fabelerzähler hervorgetreten, er hat Lustspiele und Trauerspiele verfaßt, theatertheoretische Schriften, philosophische Dialoge im sokratischen Stil, antiquarische, ästhetische, theologische Schriften und Polemiken veröffentlicht, Übersetzungen angefertigt, als Dramaturg, Journalist, Essayist, als Gelehrter und Theaterautor gearbeitet, kurz: er hat, abgesehen vom Roman, beinah alle Bereiche des Literarischen maßgebend mitgestaltet, ohne dabei ein Vielschreiber zu werden. Die Zeittafel zu Lessing weist Jahre des Schweigens, ja der bewußten Abwendung vom »Literaturbetrieb« aus: die Jahre in Breslau, wo der wenig Kriegsbegeisterte freiwillig am Siebenjährigen Krieg teilnahm; die Jahre der Isolation in Wolfenbüttel; die Perioden der Ermüdung vor seinem doch relativ frühen Tod. Trotzdem war er die dominante Figur für die Literatur seiner Zeit.

Zwischen seinen literaturtheoretischen Postulaten und den eigenen »praktischen« Ausführungen bestanden unverkennbare Spannungen, der Dramatiker Lessing störte sich nicht an Festlegungen des Dramentheoretikers Lessing. Seine Lust am Widerspruch ließ ihn zu einem gefürchteten Polemiker werden, der an scheinbar nebensächlichen Detailfragen Prinzipielles publikumswirksam zu diskutieren verstand. Sein Verständnis von Toleranz hatte nichts mit nettem Alles-gelten-Lassen zu tun. Er konnte verletzend, ja, er wollte verletzend sein: »Was soll ich tun? Mich entschuldigen? Mit der albernen Miene eines unausgelernten Heuchlers um Vergebung bitten? Versprechen, daß ich ein andermal besser auf meiner Hut sein wolle? Kann ich das? Ich versprechen? – Ja, ja; ich verspreche: – mir es nie wieder auch nur *vorzunehmen*, bei gewissen Dingen kalt und gleichgültig zu bleiben« (*Eine Duplik*, Januar 1778). Lessings sprachlicher Habitus, der Gestus seiner Argumentation und seiner Rhetorik bleiben in den verschiedenen Gattungen unverwechselbar und sind noch im »Lessingisieren« seiner Dramenfiguren zu erkennen.

Lessings »Repräsentativität« hat auch damit zu tun, daß er als Autor und Journalist die neu gegebenen Möglichkeiten

der Öffentlichkeit bewußt, intensiv und risikobereit genutzt hat. Lessing hat sich Resonanz zu schaffen vermocht.
Das Aufregende und weiterhin Herausfordernde an diesem »repräsentativen« Autor Lessing ist nun aber, daß er in vielem gar nicht »typisch aufklärerisch« zu sein scheint, sondern daß er zum Rätsel wird und sich einfachen Definitionen entzieht. Wenn »Aufklärung« den Glauben an Fortschritt, Entwicklung, Verbesserung des Menschen und seiner Sozialformen mit einschließt, wie ist dann Lessings Verzweiflung in seinen späten Briefen oder auch in der Tiefenstruktur seines *Nathan* zu verstehen? Wenn konstitutiv zur »Aufklärung« das mündige Ich gehört, wie paßt dann eine Figur wie Lessings Emilia in die Aufklärung? und wie Lessing selbst, der eine Spielernatur war? Wenn in der Anschauung der Aufklärung »Vernunft« das den Menschen bestimmende Organ ist oder zumindest sein sollte, warum entwertet dann der Polemiker Lessing diese »urteilende Vernunft«, indem er die »Wahrheit«, z. B. in *Die Erziehung des Menschengeschlechts*, geschichtlich aufs Spiel gestellt sieht und als offenen Prozeß begreift? Wenn »regelrechtes« Denken und Logik die aufklärerische Vernunft auszeichnen, warum scheut Lessing dann nicht den offensichtlichen Selbstwiderspruch, die sokratische Aporie, die vernunftüberwältigende Wucht der Emotion? Wenn »Aufklärung« auch Hoffnung auf politischen Fortschritt meint, warum träumen dann dauernd die Figuren dieses Aufklärers von Weltflucht und Exilorten, warum sehen sie Rettung nur abseits der »politischen Sphäre«, und was bedeuten dann Lessings Enttäuschungen über die ›schlechte Wirklichkeit‹, erst die in Berlin und in Hamburg und schließlich die endgültige in Wolfenbüttel? Wie paßt es zum »Aufklärer« Lessing, wenn er den Tod seines Sohnes so kommentiert, daß sein eigener Lebensüberdruß und Weltekel spürbar wird: »War es nicht Verstand, daß man ihn mit eisern Zangen auf die Welt ziehen mußte? daß er so bald Unrat merkte? – War es nicht Verstand, daß er die erste Gelegenheit ergriff, sich wieder

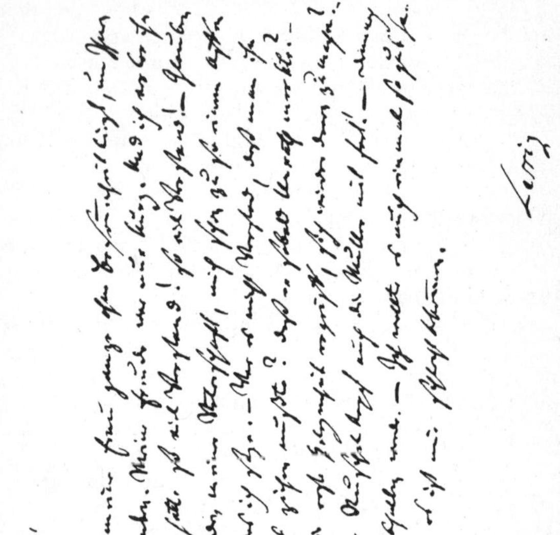

Mein lieber Eschenburg,

Ich ergreife den Augenblick, da meine Frau ganz ohne Besonnenheit liegt, um Ihnen für Ihren gütigen Antheil zu danken. Meine Freude war nur kurz. Und ich verlor ihn so ungern, diesen Sohn! denn er hatte so viel Verstand! so viel Verstand! — Glauben Sie nicht, daß die wenigen Stunden meiner Vaterschaft mich schon zu so einem Affen von Vater gemacht haben! Ich weiß, was ich sage. — War es nicht Verstand, daß man ihn mit eisernen Zangen auf die Welt ziehen mußte? daß er so bald Unrath merkte? — War es nicht Verstand, daß er die erste Gelegenheit ergriff, sich wieder davon zu machen? — Freylich zerrt mir der kleine Ruschelkopf auch die Mutter mit fort! — Denn noch ist wenig Hoffnung, daß ich sie behalten werde. — Ich wollte es auch einmal so gut haben, wie andere Menschen. Aber es ist mir schlecht bekommen.

Lessing

Brief an Eschenburg vom 31. Dezember 1777

davon zu machen? – Freilich zerrt mir der kleine Ruschelkopf auch die Mutter mit fort!« (Brief an Eschenburg vom 31. Dezember 1777). Gerade indem der Aufklärer Lessing Fragen weckt und zum dunklen Rätsel wird, bleibt er lebendig. Lessing ist beides: der Repräsentant der Aufklärungszeit in Deutschland *und* eine Existenz auf des Messers Schneide.[2] »Niemands Herr noch Knecht!« war sein Lebens- und Arbeitsmotto, und dies gilt auch für seine Rezeptionsgeschichte bis heute: Die Lessing-Lektüre öffnet das Feld für eigene Gedanken des Lesers, und der Autor Lessing läßt sich nicht einfangen und festlegen.

2 Formulierung nach: Karl S. Guthke, *Literarisches Leben im achtzehnten Jahrhundert in Deutschland und in der Schweiz*, Bern/München 1975, S. 122.

III. Interpretationen

1. Dramen

Die Juden. Ein Lustspiel in einem Aufzuge, geschrieben 1749 in Berlin, 1754 im 4. Teil der *Schriften* veröffentlicht, Uraufführung am 4. September 1766 in Nürnberg.

Unter den dramatischen Frühwerken Lessings findet heute sein Einakter *Die Juden* besondere Beachtung. Lessing selbst hat kurz vor seinem Tod im *Nathan*-Drama den Stoff und die Problematik dieses »Jugendwerks« wieder aufgenommen. Für diesen deutschen »Aufklärer« gehörte die publikumswirksame Auseinandersetzung mit dem Antisemitismus zum Zentrum seiner Arbeit. Wie in einem Lehrstück sezierte der zwanzigjährige Autor, damals Student in Leipzig, das antisemitische Vorurteil in seinen verschiedenen Äußerungsformen; der bewußt unbefriedigend und offengehaltene Schluß zwingt die Zuschauer zu eigenem Nachdenken und selbständigem Urteil.
Der Überraschung des Publikums will wohl schon der Titel des Lustspiels dienen. In den *Jenaischen gelehrten Zeitungen* war das Stück im Oktober 1749 zunächst als *Der Jude* angekündigt. Der dem Drameninhalt gar nicht gemäße Plural *Die Juden* weckt beim Publikum die Erwartung, man bekomme Juden als verlachenswerte Personen zu sehen. Doch gerade diese Erwartung wird enttäuscht, dem Publikum wird ein Spiegel vorgehalten, in dem es seinen latenten Antisemitismus erkennen kann. Und der junge Autor Lessing schuf, indem er so gezielt an der Verlachkomödie vorbeischrieb, »gleichsam nebenbei eine neue Gattung, das Problemlustspiel«[1].

1 Jürgen Stenzel als Herausgeber des ersten Bandes der Lessing-Ausgabe im Deutschen Klassiker Verlag (*Lessings Werke und Briefe in zwölf Bänden*, hrsg. von Wilfried Barner, Klaus Bohnen, Gunter E. Grimm,

Die beiden Diener eines Barons, notorische Diebe im »Nebenberuf«, hatten versucht, maskiert ihren eigenen Herrn auszuplündern. Ein Fremder war dem Überfallenen zur Hilfe gekommen. Wie der barmherzige Samariter aus dem Jesus-Gleichnis hatte er sich selbst dabei der Gefahr ausgesetzt, in Mitleidenschaft gezogen zu werden. Dieser fremde »Reisende« wird nun als Gast in das Haus des Barons geladen, er wird mit Dankbarkeit überhäuft. Zugleich bahnt sich eine mehr als freundschaftliche Beziehung zwischen der Tochter des Barons und dem Fremden (und auch zwischen seinem Bediensteten und des Barons Dienerin) an. Während sich das alles vorbereitet und schnell entwickelt, ereignen sich weitere Diebstähle und Schiebereien im Haus des Barons. All dies Unangenehme wird »den Juden« angelastet, denn auch der Hausherr glaubt, bärtige Juden hätten den Überfall auf ihn durchgeführt. Es seien »Spitzbuben«, die dauernd für Schaden und Verdruß sorgten, schimpft der Baron in der 6. Szene auf die Juden, wobei er das allgemeine Vorurteil mit seiner sprachlichen Gleichsetzung von Spitzbuben und Juden (als Spitzhutträgern) wohl unbewußt nachvollzieht.

Doch dann klärt sich der ganze Fall: die Kriminellen waren gerade jene, die allen Verdacht auf die Juden zu lenken versucht hatten, nämlich die Bediensteten des Barons selbst. Und der einzige Jude in dem Drama, der allerdings vor lauter Assimilation gar nicht als solcher zu erkennen war und mit sauer-süßer Miene den Beschuldigungen gegen »die Juden« zuzuhören gezwungen war, ist der Reisende gewesen, der Helfer in der Not, der gute Mensch.

Diese Enthüllung verändert die Situation. Der Baron entschuldigt sich für seine Pauschalaussagen, das Vorurteil scheint widerlegt. Doch Lessing bleibt skeptisch, als wisse er sehr wohl, daß der Einzelfall nicht im geringsten die Kraft hat, ein pauschalisierendes Vorurteil außer Kraft zu

Helmuth Kiesel, Arno Schilson, Jürgen Stenzel und Conrad Wiedemann, Frankfurt a. M. 1985 ff., Bd. 1, S. 1154).

setzen. Denn das Publikum erlebt, daß der Baron *zugleich* dem einzelnen Juden, dem er sein Leben verdankt, Verehrung zollt *und* die Juden als Gesamtheit diskriminiert: »O wie achtungswürdig wären die Juden, wenn sie alle Ihnen glichen!« (12. Auftritt). Hier spricht sich – im Lippenbekenntnis zur Aufgeschlossenheit – »der psychologische Irrealis des Vorurteils« aus: »Anerkannt würden die Fremden als Gruppe erst unter der unmöglichen, nicht für möglich gehaltenen Voraussetzung, daß sie samt und sonders barmherzige Samariter, daß sie alle ›gute Seelen‹ wären [. . .].«[2]
Lessing geht es in diesem Einakter gerade nicht um den einzelnen »Ausnahme-Juden«, sondern um die Behandlung einer diskriminierten und vom Vorurteil gebrandmarkten Gesamtheit. Das »Skandalon der sozialen, der physischen Unterdrückung der Juden« steht zur Diskussion.[3] Dieser Einakter des frühen Lessing ist kein »Toleranzstück« im Sinne der relativierenden Frage nach der Wahrheit der Religionen. Das Publikum erlebt in der Dramenhandlung, daß Freundschaft und Dankbarkeit für den Baron dann eine Grenze haben, wenn der, dem sie entgegengebracht werden, sich als Jude »entpuppt«: dem Juden wird er seine Tochter nicht geben (»So gibt es denn Fälle, wo uns der Himmel selbst verhindert, dankbar zu sein?«, 22. Auftritt), auch wenn sie selbst nichts gegen eine Verbindung mit einem Juden hätte: »Ei, was tut das?« fragt das Fräulein Tochter, als der Reisende endlich nach langem Zögern, in dem sich die bevorstehende gesellschaftliche Diskriminierung internalisiert schon gezeigt hat, seine Identität preisgibt. Die anderen Umstehenden weichen zurück und fragen ungläubigentsetzt: »Ein Jude? Ein Jude? Ein Jude?« (ebd.).
Das Lustspiel endet unbefriedigend, ohne Happy-End. Von

2 Karl S. Guthke, »Lessing und das Judentum oder Spinoza *absconditus*«, in: K. S. G., *Das Abenteuer der Literatur*, Bern/München 1981, S. 133.
3 Dies verdeutlicht vor allem Wilfried Barner, »Vorurteil, Empirie, Rettung. Der junge Lessing und die Juden«, in: Herbert A. Strauss (Hrsg.), *Juden und Judentum in der Literatur*, München 1985, S. 52–77, hier S. 65.

seinem Schluß her gesehen, ist dieser Einakter genau eines jener »Lustspiele, die zum Weinen bewegen«, wie sie der jüdische Reisende in seinem Gepäck mit sich führt. Auf ihnen sitzt man, wie die Magd Lisette am eigenen Leib erfährt, »verzweifelt hart« (10. Auftritt). Auch der assimilierte, der sich versteckende Jude entgeht dem Rassismus nicht: er bleibt aus der »Blutsgemeinschaft« prinzipiell ausgeschlossen, und sein dezentes, von Unauffälligkeit geprägtes Festhalten an den eigenen religiösen Anschauungen wird zornig bloßgestellt. Sie werden als »hundert Alfanzereien« abqualifiziert, als sein Diener Christoph deren Grund erkennt. Zwar scheint man auf der Dienerebene die Barrieren spielerisch zu überspringen, denn Lisette läßt sich von Christoph wegführen, obwohl sie den Gedanken äußert: »Und wann's dazu kömmt, ist Er wohl gar auch ein Jude, so sehr Er sich verstellt?« (23. Auftritt). Aber es war gerade ihr Christoph, der den auf Vernichtung hinzielenden aggressiv-christlichen Antisemitismus im 22. Auftritt, und sei es nur rhetorisch, wieder aufgenommen und artikuliert hatte: »Was? Sie sind ein Jude, und haben das Herz gehabt, einen ehrlichen Christen in Ihre Dienste zu nehmen? Sie hätten mir dienen sollen. So wär' es nach der Bibel recht gewesen. Potz Sturm! Sie haben in mir die ganze Christenheit beleidigt [...]. Verklagen will ich Sie noch dazu.«
Der zwanzigjährige Lustspielautor hatte keine Illusionen über die Kraft des Vorurteils, er übersprang die Realitäten nicht. Deshalb verweigerte er seinem Lustspiel den guten Schluß. Ahnte er die potentielle Wirkung des Vorurteils, als er den antisemitisch herumschwadronierenden Figuren seines Stücks Sätze wie die folgenden in den Mund legte: »Ich dürfte nicht König sein: ich ließ' keinen, keinen einzigen [Juden] am Leben« oder: »Ja, wenn ich an die Messe gedenke, so möchte ich gleich die verdammten Juden alle auf einmal mit Gift vergeben, wenn ich nur könnte« (2. Auftritt)? Noch im komödienhaften Übermutsgeschrei des Dieners läßt Lessing es durchklingen, daß nach dem antisemitischen Vorurteil »eigentlich« jeder Jude ein Spitzbube

ist, der beseitigt gehört: »Nein, der Henker! es gibt doch wohl auch Juden, die keine Juden sind. Sie sind ein braver Mann. Topp, ich bleibe bei Ihnen!« (22. Auftritt). Es geht gerade nicht um den *einen* »braven Mann«, den letztendlich seine Assimilierungsversuche auch nicht verbergen und retten können, sondern Lessing lenkt mit und in dem »einen Mann« den Blick auf »die Juden« und ihr Ausgegrenztsein.

In seinem Lustspiel *Die Juden* brachte Lessing ganz entgegen der Tradition des Rollenfaches keinen lasterhaften Juden auf die Bühne. Vielmehr gab er dem Publikum einen edlen Juden zum Vorbild, um in der Reaktion auf diesen das antisemitische Vorurteil bloßstellen zu können. Gab es eine Vorbildgestalt für diesen »edlen Juden«? Nachweislich kannte schon der achtzehnjährige Lessing den jüdischen Philosophen und Arzt Moses Maimonides (1138–1204). In dem frühen Lessing-Lustspiel *Der junge Gelehrte* wird er mit seinem hebräischen Namen Ben Maimon genannt und sein Werk mit dem liebevollen Titel der hebräischen Kommentatoren *Jad chasaka* (also »Starke Hand«) benannt.[4] Denkbar ist auch, daß Aron Salomon Gumpertz in der Figur des jüdischen Reisenden »nachgestaltet« worden ist. Dieser 1723 in einer reichen Berliner Familie geborene Mann war der erste preußische Jude, der den medizinischen Doktorgrad erwarb. Er war ein Förderer des jungen Moses Mendelssohn und ein Freund Lessings. Vieles in der Komödie von 1749 deutet auch auf den jüdischen Philosophen Baruch de Spinoza: Ist es ein Zufall, daß der Reisende aus Holland stammt (wo Spinoza von 1632 bis 1677 gelebt hat) und wie Spinoza adlig ist? Ein Zufall, daß er, wie Spinoza, incognito unter die Leute geht, um sich vor Verfolgung zu schützen? Ein Zufall, daß seine Verlobung, wie die Spinozas der Legende nach, an der Religionsverschiedenheit scheitert?[5] Lessing hat später im Streit um *Die Juden* Moses

4 Friedrich Niewöhner, *Veritas sive Varietas. Lessings Toleranzparabel und das Buch Von den drei Betrügern*, Heidelberg 1988, S. 401.

5 Nach: Guthke (Anm. 2), S. 142.

Mendelssohn als einen »zweiten Spinoza« charakterisiert, um die Figur des jüdischen Reisenden als eine real mögliche Gestalt zu erweisen. Tatsächlich äußerte sich nämlich gleich nach der Publikation dieses Stücks ein Lessing sonst gewogener und als liberal bekannter Professor in Göttingen (der Theologe Johann David Michaelis) und erhob Einspruch gegen das Drama: eine Gestalt wie der Reisende sei allzu unwahrscheinlich, weil die Juden aufgrund der ihnen durch die Christen zugefügten Behandlung einen Geist der Feindschaft gegen die Christen entwickelt hätten. Lessing überließ die Antwort darauf seinem jüdischen Freund in Berlin, dem Philosophen Moses Mendelssohn[6]: »In Wahrheit! mit welcher Stirne kann ein Mensch, der noch ein Gefühl der Redlichkeit in sich hat, einer ganzen Nation die Wahrscheinlichkeit absprechen, einen einzigen ehrlichen Mann aufweisen zu können?«[7] Doch der Kern des Problems liegt für Lessing nicht hier, im Verhalten gegenüber dem außerordentlichen Einzelnen, sondern im Verhalten gegenüber den Andersbleibenden: »Die Juden«, tatsächlich im Plural, sind die Herausforderung, mit der Lessing das Publikum konfrontiert.

Miß Sara Sampson. Ein bürgerliches Trauerspiel in fünf Aufzügen, geschrieben 1755 in Potsdam, 1755 im 6. Teil der *Schriften* veröffentlicht, Uraufführung am 10. Juli 1755 in Frankfurt an der Oder.

Lessings 1755 ausgearbeitete *Miß Sara Sampson* war das erste bedeutende deutsche »bürgerliche Trauerspiel«.[8] Lessing

6 Mendelssohn ist *nicht* Vorbildgestalt für den »Reisenden«. Der Einakter war geschrieben, ehe Lessing Moses Mendelssohn kennenlernte.

7 Lessing zitiert in seiner scharfen Antwort an den »Hr. Gegner« in Göttingen 1754 öffentlich aus einem Brief, den Moses Mendelssohn in diesem Zusammenhang an den gemeinsamen Freund, den Arzt Dr. Aron Salomon Gumpertz, geschrieben hat.

8 Nach neueren Forschungen kommt dem Stück die exakte zeitliche Priorität als erstes »bürgerliches Trauerspiel« nicht zu.

stellte sich mit seinem ersten größeren Drama, das zugleich auch eines der ersten und auf jeden Fall das zunächst wirkmächtigste einer neuen Gattung war, ausdrücklich in die englische Theatertradition und damit gegen den vorherrschenden Einfluß des französischen Theaters. Die englischen »sentimental comedies« hatten die Darstellung bürgerlichen Lebens gegenüber der alten Verlachkomödie entscheidend aufgewertet; das Rührende war an die Stelle der komischen Szenen getreten. Sowohl im Milieu wie in den Personen entsprach Lessings *Miß Sara Sampson* diesen »rührenden Komödien« wie auch den »bürgerlichen Trauerspielen« des modernen englischen Theaters. George Lillos *Der Kaufmann von London oder die Geschichte George Barnwells*, 1731 geschrieben, war 1752 in Hamburg gespielt worden. Lessing hatte daraus viele Anregungen entnommen. 1754 hatte er mit Vorarbeiten zu seinem eigenen Stück begonnen, und in wenigen Wochen konnte er es zu Beginn des Jahres 1755 fertigstellen. Für die konzentrierte Arbeit hatte er sich von Berlin aus in eine Dachstube in Potsdam zurückgezogen. Schon zur Ostermesse 1755 konnte das Drama erscheinen, und im Sommer des Jahres wurde die *Sara* durch die Ackermannsche Theatertruppe in Frankfurt an der Oder mit großem Erfolg uraufgeführt. Zeitgenossen berichten von der starken Anteilnahme des Publikums: »Herr Leßing hat seine Tragödie in Franckfurt spielen sehen und die Zuschauer haben drey und eine halbe Stunde zugehört, stille geseßen wie Statüen, und geweint« (Karl Wilhelm Ramler).

Wenige Jahre später wurde Lessings Drama aber schon abschätzig beurteilt und als mißlungen bezeichnet. Das Redselige der Personen wurde negativ vermerkt, der Handlungsführung fehle die Stringenz, und der Tod Saras sei ohne plausible Motivation.

Tatsächlich erscheint der Handlungsverlauf des Dramas etwas verstaubt und allzu konstruiert: Mellefont, ein attraktiver, jedoch charakterschwacher und wankelmütiger Mann,

hat die junge Sara Sampson verführt und ist mit ihr in einem drittklassigen Provinzgasthof abgestiegen. Ihr Vater, Sir William Sampson, ist dem Liebespaar nachgereist. Er hatte sich zunächst der Verbindung zwischen Mellefont und seiner Tochter widersetzt, obwohl er selbst, ohne die möglichen Konsequenzen zu bedenken, sein Haus dem Verführer geöffnet hatte. Nun aber möchte Vater Sampson seine Tochter wiedergewinnen, indem er ihr und Mellefont verzeiht. Doch statt das sofort energisch anzupacken und auf seine Tochter zuzugehen, zaudert Sampson im letzten Augenblick und mietet sich incognito in demselben Gasthof ein, in dem er seine Tochter weiß. Durch einen Bedienten läßt er Sara einen Brief zustellen. Sara drängt währenddessen bei ihrem Geliebten auf Heirat, die dieser hinauszuzögern sucht. Marwood, die frühere Geliebte Mellefonts, taucht auf; sie hat Arabella, die gemeinsame Tochter, mitgebracht und setzt alle Mittel ein, um den Geliebten, dem sie vieles geopfert hat, wiederzugewinnen. Mellefont wird schwankend, stößt sie aber letztlich doch zurück. Es gelingt der Marwood, sich mit Mellefonts Hilfe bei Sara als eine seiner Verwandten einführen zu lassen. Zutiefst gedemütigt und völlig zurückgestoßen, gibt sich die Marwood vor Sara als die frühere Geliebte Mellefonts zu erkennen und prophezeit Sara, daß Mellefont sie als seine jetzige und noch junge Liebe ebenfalls in Kürze beiseite schieben und verlassen werde: »Daß man einen Vogel fangen kann, Miß, das weiß ich wohl. Aber daß man ihm seinen Käfig angenehmer, als das freie Feld machen könnte, das weiß ich nicht« (IV,8).
Sara ruft in dieser Situation vergeblich nach der Hilfe des Geliebten und nach der »süße[n] Stimme« des »geliebten Vaters«, dann fällt sie in Ohnmacht. Die Marwood wird zum Racheengel und mischt Gift in Saras Arznei. Jetzt erst kommt Sampson zu seiner Tochter und findet sie sterbend. Sara verzeiht vor ihrem Tod allen, die ihr Unrecht getan haben, und bittet den Vater, Mellefont als Sohn und Arabella als Tochter anzunehmen. Doch Mellefont ersticht sich, als

Sara stirbt. Der Vater läßt beide zusammen beerdigen und nimmt Arabella als »ein Vermächtnis« seiner Sara zu sich (V,11).

Das Rührselige mitsamt der Tränenflut *auf* und *vor* der Bühne erscheint dem heutigen Leser befremdlich. Die aus der Märtyrertragödie entnommenen Elemente spiegeln »das noch Übergangshafte des Stücks: Die christlich-tugendhafte verführte Heldin, der von der quasi-göttlichen Autorität des alten Sampson schließlich Absolution erteilt wird [...], reizte zum tränenreichen Mitleiden.«[9] Doch gleichzeitig treten grotesk-komische Elemente in diesem frühen deutschsprachigen »bürgerlichen Trauerspiel« hervor. Das gesamte Drama spielt in einem heruntergekommenen Gasthaus, und wie später in *Minna von Barnhelm* ist dies ein *bezeichnender* Ort: denn diesem Ort fehlt das Wohltuende der Geborgenheit.[10] Obwohl alle Personen darauf drängen wegzukommen, gelingt es keiner, dies Ziel zu erreichen. Einzig die Marwood vermag sich loszureißen, ohne aber auf ihrer Flucht ein Ziel zu haben. Die Liebes- und Verzeihensimpulse, die Hoffnungsentwürfe und Familienutopien bleiben gleichsam stecken, und die Frage, wie sie denn realisierbar seien, bleibt gänzlich offen und wird so an die Zuschauer bzw. Leser weitergegeben.

Lessing stellt in dem Rollenpaar Sara–Marwood zwei Frauentypen zueinander, die in der klassischen Dramatik eine herausgehobene Rolle spielen sollten. In seiner *Emilia Galotti* variiert Lessing mit Emilia–Orsina diese Konstellation auch selbst. Die liebeserfahrene, fraulich-reife Marwood ist in ihrer wollüstigen Aggressivität und Expressivität dem tugendhaft-verführten Mädchen Sara weit überlegen. Die Marwood spielt Sara buchstäblich an die Wand: sie stellt

9 Wilfried Barner, »Artikel ›G. E. Lessing‹«, in: *Neue Deutsche Biographie*, Bd. 14, Berlin 1985, S. 341.

10 Wolfgang Kuttenkeuler, »Miß Sara Sampson«, in: *Interpretationen: Lessings Dramen*, Stuttgart 1987 (Reclams Universal-Bibliothek, 8411), S. 16.

den biederen Heiratswünschen Saras die Realität des liebenswürdig-schwachen Verführers, der zur Ehe nicht taugt, entgegen. Sie deckt auf, wie sehr Saras Beteuerungen der eigenen Tugendhaftigkeit beweisen, daß sie zum Mitgefühl mit anderen Frauen in gleicher Lage nicht fähig ist. Sie macht deutlich, daß zur Liebe ein »erotisches Unterfutter« gehört, von dem Sara nicht einmal etwas zu ahnen scheint. Das Erotisch-Sexuelle zeigt sich in der Gestalt der Marwood so, daß es für die Institution einer bürgerlich-tugendhaften Ehe oder Familie bedrohlich und zerstörerisch wird. Daß Sara in vielen Passagen des Trauerspiels eine Art »moralisches Schauturnen« vorführt,[11] wird im Drama aufgedeckt und bloßgestellt, indem die Marwood und eben nicht Sara den geliebten Mann in seiner Triebhaftigkeit und Haltlosigkeit richtig einzuschätzen weiß und indem sie Saras latente Tugend-Arroganz entlarvt: Erst nachdem sie sich vor Sara zu erkennen gibt, erkennt diese auf der Schwelle zur Ohnmacht in der verstoßenen, gedemütigten und altgewordenen Geliebten eine ihr selbst ähnliche Gestalt, von der sie geträumt hatte und vor der sie Angst hat. Im Traum hatte der Vater sie gerufen; »indem ich mich nach dieser bekannten Stimme umsehen wollte, gleitete mein Fuß; ich wankte und sollte eben in den Abgrund hinab stürzen, als ich mich, noch zur rechten Zeit, von einer mir ähnlichen Person zurückgehalten fühlte. Schon wollte ich ihr den feurigsten Dank abstatten, als sie einen Dolch aus dem Busen zog« (I,7). Und darauf bezugnehmend in IV,8: »Marwood? – Ha! Nun erkenn' ich sie – nun erkenn' ich sie, die mördrische Retterin, deren Dolche mich ein warnender Traum preisgab.«

Die Marwood erweist sich den anderen Dramenfiguren gegenüber als überlegen »dank ihrer aller Prinzipientreue abschwörenden Fähigkeit, sich präzis in die Vorstellungswelt ihrer Mitmenschen hineinzuversetzen«[12]. Von ihrer »wohl-

11 Gerhard Fricke, zitiert bei: Kuttenkeuler (Anm. 10), S. 8.
12 Kuttenkeuler (Anm. 10), S. 32.

erwogenen Verlarvung« geht »eine nachgerade bannende Faszination« aus, gerade im Vergleich zur unrealistisch schwärmenden und nach Hilfe bei anderen suchenden Sara.[13] Es gelingt der Marwood auf Anhieb, Mellefonts angeblich liebende Zuneigung zu Sara zu unterminieren und Mellefont in seinen Gefühlen zumindest völlig unsicher zu machen.

Nicht nur vom Geliebten, der wie ein Werkzeug der Marwood ihrer Intrige den Weg ebnet, sondern auch vom eigenen Vater ist Sara alleingelassen. Sie ist dem sie vernichtenden Chaos schutzlos ausgeliefert, aufgrund eigener moralischer Starrheit und Unselbständigkeit dem Ansturm der aggressiv-erotischen Eifersucht ihrer Rivalin völlig preisgegeben. Vater Sampson bekennt selbst, den Verführer seiner Tochter ins Haus geholt und die möglichen Konsequenzen nicht bedacht zu haben. Da er, nachdem es »zu spät« war, die Verbindung von Mellefont und Sara zu verhindern gesucht hat, war Sara gezwungen, sich dem Vater zu entziehen und sich auf ein Abenteuer einzulassen, dem sie sich nicht gewachsen fühlt. Deshalb drängt sie mit aller Kraft auf die Legalisierung ihrer Beziehung zu Mellefont durch Heirat, und deshalb sehnt sie sich in die Harmonie mit dem Vater zurück. Als Sampson seinen Fehler bereut, weil *ihm* – durchaus egozentrisch fühlend (»Ich kann sie länger nicht entbehren«, I,1) – der Verlust seiner Tochter schmerzlich wird, läßt er sich von der offenbar schnelleren und aktiveren Marwood den Weg zum Flucht-Gasthaus zeigen. Die Marwood ist sich sicher, den Geliebten trotz seiner Eskapade zurückgewinnen zu können (»Kannst du mir nachsagen, kleiner Flattergeist, daß ich jemals eifersüchtig gewesen wäre, wenn stärkere Reize, als die meinigen, dich mir auf eine Zeitlang abspenstig machten?«, II,3). Damit Sara dann nicht ›unversorgt‹ dasteht und sich Mellefont deswegen ein Gewissen machen muß, hat die Marwood dafür Sorge getragen, daß dem alten Vater seine »leichtgläubige Tochter«

13 Zitate aus: Kuttenkeuler (Anm. 10), S. 32.

schon im Gasthaus wieder ausgehändigt werden kann (II,4). Der Bewegungsimpuls des alten Sampson, der seiner Sara ins abgelegene Hotel nachgeeilt ist, erlischt aber, als er das Gasthaus erreicht hat: »Hier meine Tochter? Hier in diesem elenden Wirtshause?« (I,1). Statt die »nur eine Wand«, die ihn von der Tochter trennt, zu überwinden, hält er sich zurück, verlängert die Zeit der Trennung, schickt einen Brief, und überläßt mit alledem Sara den eigenen Ängsten und den Aggressionen der Marwood. Der Patriarch versagt, das verschärft den Konflikt für Sara erheblich und macht es unmöglich, in der »bürgerlichen Familie« einen harmonieversprechenden Fluchtpunkt zu sehen. Dieses »bürgerliche Trauerspiel« decouvriert die »bürgerliche Familie« als Ideologie. Am Ende wird eine neue, nicht durch Familienbeziehungen vorgegebene (Adoptions-)Gemeinschaft gebildet. Weder in *Miß Sara Sampson* noch im *Emilia Galotti-* oder *Nathan*-Drama ist »Familie« ein harmonischer Schutzraum. Wie personale Autonomie und moralische Integrität auszusehen hätten und wie sie gelebt werden könnten, ist nicht vorgegeben, sondern wird von Lessing den Zuschauern und Lesern als Frage vorgelegt, auf die sie selbst neue Antworten finden müssen.[14]

»Lessings *Miß Sara Sampson* vom Jahre 1755 ist, neben Klopstocks *Messias* und Goethes *Werther*, einer der größten Weinerfolge des 18. Jahrhunderts gewesen.«[15] Heute rangiert die *Sara*, Lessings bedeutendster Theatererfolg zu seinen Lebzeiten, in der Zuschauergunst weit hinter *Emilia Galotti*. Lessing ist fortan von der Tränenseligkeit abgerückt, um dem »bürgerlichen Trauerspiel« einen stärker sozialen und politischen Sinn zu geben.[16]

14 Vgl. hierzu auch: Kuttenkeuler (Anm. 10), S. 36.

15 Wilfried Barner, »›Zu viel Thränen – nur Keime von Thränen‹. Über *Miß Sara Sampson* und *Emilia Galotti* beim zeitgenössischen Publikum«, in: *Das weinende Saeculum*, Heidelberg 1983, S. 89.

16 Karl S. Guthke, *Das deutsche bürgerliche Trauerspiel*, Stuttgart ^{3}1980, S. 72.

Minna von Barnhelm oder Das Soldatenglück. Ein Lustspiel in fünf Aufzügen, geschrieben 1763–1766 in Breslau und Berlin, zur Ostermesse 1767 in Berlin erschienen, Uraufführung am 30. September 1767 in Hamburg.

»Eines Werks aber, der wahrsten Ausgeburt des Siebenjährigen Krieges [...] muß ich hier vor allen ehrenvoll erwähnen; es ist die erste aus dem bedeutenden Leben gegriffene Theaterproduktion, von spezifisch temporärem Gehalt, die deswegen auch eine nie zu berechnende Wirkung tat: *Minna von Barnhelm*. Lessing, der, im Gegensatze von Klopstock und Gleim, die persönliche Würde gern wegwarf, weil er sich zutraute, sie jeden Augenblick wieder ergreifen und aufnehmen zu können, gefiel sich in einem zerstreuten Wirtshaus- und Weltleben, da er gegen sein mächtig arbeitendes Innere stets ein gewaltiges Gegengewicht brauchte, und so hatte er sich auch in das Gefolge des Generals Tauentzien begeben. Man erkennt leicht, wie genanntes Stück zwischen Krieg und Frieden, Haß und Neigung erzeugt ist.« So urteilte Goethe 1812 über Lessings Lustspiel.[17] Fast zwanzig Jahre später äußerte er sich in den Gesprächen mit Eckermann noch einmal zu *Minna von Barnhelm* : »Es war wirklich ein glänzendes Meteor.«[18]

Lessing hatte im Spätherbst 1760 Berlin plötzlich und ohne Abschied von seinen Freunden verlassen. Er besuchte in Frankfurt an der Oder das Grab seines 1759 im Krieg gefallenen Freundes Ewald von Kleist und zog dann in die Festungsstadt Breslau, wo er sich als Sekretär in die Dienste des preußischen Generals Friedrich Bogislaw von Tauentzien begab. Von November 1760 bis Ostern 1765 hat er dort den Alltag des Krieges hautnah erlebt. Im Frühsommer 1764 war Lessing gefährlich an Fieber erkrankt, und wenig

17 Johann Wolfgang Goethe, im 7. Buch von »Dichtung und Wahrheit«, in: *Goethes Werke*, hrsg. von Erich Trunz, Bd. 9, Hamburg 1953, S. 281 f.

18 *Goethes Gespräche*, neu hrsg. von Flodoard Frhr. von Biedermann, Bd. 4, Leipzig 1910, S. 354.

später schrieb er von seinem Lustspielprojekt, als ginge es dabei um seine literarische Existenz: »Wenn es nicht besser, als alle meine bisherigen dramatischen Stücke wird, so bin ich fest entschlossen, mich mit dem Theater gar nicht mehr abzugeben« (Brief an Karl Wilhelm Ramler vom 20. August 1764).

Lessings Drama um den preußischen Major von Tellheim und das sächsische Fräulein von Barnhelm spielt am »22. August« im Berliner Gasthof »Zum Könige von Spanien« (II,2). Die Handlung beginnt morgens und endet am frühen Nachmittag. Verschiedene Räume des heruntergekommenen Gasthofs sind die Stätten des Geschehens. Ohne daß das Jahr genannt wird, ist deutlich, daß es sich um den 22. August 1763 handelt, um das Jahr des Friedensschlusses nach dem Siebenjährigen Krieg, den Friedrich II. von Preußen mit seinem Überfall auf Sachsen begonnen hatte. Entgegen der in Wirklichkeit bis 1766 andauernden Arbeit an *Minna von Barnhelm* behauptet Lessing auf dem Titelblatt: »verfertiget im Jahre 1763«. Er verweist damit noch einmal pointiert auf das Jahr der großen ökonomischen Krise nach dem langen Krieg, als, von Amsterdam und Hamburg ausgehend, auch in Berlin und Preußen wirtschaftliche Turbulenzen das Geschehen bestimmten und das Elend der Bevölkerung verschlimmerten. Der 22. August 1763 markierte einen Höhepunkt dieser Krise, als der Berliner Porzellanfabrikant und Seidenmanufaktur-Besitzer Johann Ernst Gotzkowski vor dem Bankrott stand.

Um Geld, um Schulden, um Leihsummen und Wechsel, um königliche Geldüberweisungen und Spieltischverluste geht es auch in Lessings Lustspiel immer wieder. Der Wirt des »König von Spanien« will den Major von Tellheim als abgedankten und bankrotten Offizier ausquartieren, da die Bezahlung seines Zimmers nicht mehr sichergestellt zu sein scheint. Tellheim selbst, leicht kriegsverletzt und etwas ungepflegt in seinem Äußeren, ist sich seiner Misere bewußt, lehnt aber gleichwohl jede finanzielle Hilfe von Freunden ab und erweist sich im Umgang mit noch Ärmeren auf uneigennützige Weise großzügig: er erläßt der Frau seines verstorbenen Rittmeisters dessen Schulden (I,6). Wegen der unglücklichen Umstände, in denen er sich befindet, hat er die Verbindung zu seiner Verlobten, die er während des Krieges in Sachsen kennen- und liebengelernt hat, abgebrochen, und nun sieht er keinen anderen Ausweg mehr, als sogar den Verlobungsring aus der Hand zu geben und ihn zu verpfänden.

Minna von Barnhelm aber, das sächsische Fräulein, dem sich der preußische Major verbunden weiß, ist über das Schweigen des Verlobten beunruhigt und hat ihren Vorsatz, ihm nachzureisen und ihn in Berlin zu suchen, in die Tat umgesetzt. Schon in Sachsen war die Initiative von ihr ausgegangen, als sie den Kontakt zu dem Besatzungsoffizier suchte, der den besiegten sächsischen Ständen die fällige Kriegssteuer aus dem eigenen Vermögen vorgeschossen hatte, um nicht Gewalt gegen die sächsische Bevölkerung anwenden zu müssen: »Ich liebte Sie um dieser Tat willen, ohne Sie noch gesehen zu haben« (IV,6).

Mit ihrer Kammerzofe Franziska ist Minna in Berlin eingetroffen: »Wir kommen, dem Könige einen Offizier wegzukapern –« (Franziska, II,2). Den recht unerschrockenen, etwas exaltiert auftretenden Frauen, die im »König von Spanien« Quartier nehmen, wird gerade das Zimmer zugewiesen, das der Major hatte räumen müssen. In der für ihn überraschenden ersten Begegnung mit Minna fliegt Tellheim auf die Geliebte zu, um dann aber starr und abweisend zu werden und gerade aus seiner noch lebendigen Liebe heraus auf Trennung und Beendigung der Beziehung zu dringen: »Sie nie, nie wiederzusehen. – Oder doch so entschlossen, so fest entschlossen – keine Niederträchtigkeit zu begehen – Sie keine Unbesonnenheit begehen zu lassen – Lassen Sie mich, Minna! (*Reißt sich los und ab.*)« (II,9).

Tellheim will die Geliebte nicht mit in sein Unglück ziehen.

Dabei erscheint er zugleich als fürsorglich und als verkrampft-starr, weil er den Impuls der spontanen Zuneigung abzutöten versucht und sich jedes Mitleid verbittet. Es sieht schon wie Sturheit aus, wenn Tellheim seinen »Wachtmeister Werner«, der im Krieg sein Glück gemacht und gut verdient hat und nun mit den Bedingungen des Friedens nicht zurechtkommt, zurückstößt, als dieser ihm finanziell unter die Arme greifen will (III,7). Es hat den Anschein, als könne Tellheim keine Hilfe von Menschen annehmen, die nach seinem Ehrenkodex unter ihm stehen: von einem ehemals untergebenen Soldaten, von einer Frau. Hier setzt nun Minnas »Spiel« an, in diesem Punkt will sie ihm eine Lektion erteilen. Sie gibt sich als verarmt und verstoßen aus, erscheint bemitleidenswert und setzt damit in Tellheim Energien frei, die er vorher mit aller Kraft unterdrückt hat. Jetzt, weil es nicht um ihn selbst geht, kann er Geld von Werner leihen; jetzt vermag er seine Liebe offen zu zeigen, weil *er* helfen kann und sich nicht helfen lassen muß; jetzt sind ihm seine eigenen Angelegenheiten unwichtig, weil es um die Rettung einer anderen Person geht.

Der Beginn von Minnas Spiel (angekündigt in III,10 und ausgeführt in IV,6) markiert den Wendepunkt, die Peripetie des Stücks: hier schlägt die Handlung um, indem die Starre von Tellheim abfällt und seine demonstrative Passivität sich zur helfenden Aktivität verwandelt. Entscheidend ist dabei, daß er sich von den bisherigen Voraussetzungen seines Lebens innerlich ein Stück weit befreit, von zuvor akzeptierten gesellschaftlichen Normen und Abhängigkeiten gelöst hat. Erst im Horizont von Minnas Verstellspiel kommt deutlich zur Sprache, *warum* Tellheim so erstarrt war und was ihn gegen alle Hilfsangebote so allergisch-abwehrend reagieren ließ: er war in seiner »Ehre gekränkt« worden. Von dieser »Ehre« war, neben dem Geld, schon häufiger die Rede gewesen, und Ehre und Geld, Ansehen und materielle Lebensbasis scheinen eng zusammenzugehören. Minna hatte diesen Ehrbegriff kritisiert und ironisiert. Dem Zuschauer kann aber erst jetzt (IV,6) klarwerden, was der kriegsversehrte und unehrenhaft entlassene Offizier Tellheim mit diesem Begriff meint: Seine ganze Existenz steht auf dem Spiel, und er muß um seiner Respektabilität willen auf Gerechtigkeit bestehen und jede Art von Gnade und karitativer Zuwendung zurückweisen. Er muß einklagen, was ihm zusteht, und deshalb muß er jedes helfende Almosen zurückweisen. Solange ihm in seiner öffentlich-beruflichen Existenz nicht Gerechtigkeit widerfährt, will er mit seiner Existenz Protest ausdrücken. Gerade deshalb muß er vor sich und anderen auf seiner unerträglichen Situation bestehen. Denn ihm wird unterstellt, er habe sich während des Kriegs in Sachsen unrechtmäßig bereichert, habe sich durch die sächsischen Stände bestechen lassen, sei korrupt. Dieser Vorwurf muß, wenn er nicht ausgeräumt wird, sein Leben vernichten. Darum will er niemanden in seinen Niedergang hineinziehen. Alles hängt von der Klärung dieses Vorwurfs gegen ihn ab, und deshalb ist Tellheim wie gelähmt. Sein »Trieb der Selbsterhaltung« (V,5) erwacht erst, als er, vom Mitleid gepackt, für seine Geliebte *handeln* kann. Da plötzlich ist das für ihn bisher absolut geltende normative Bezugssystem relativiert: Tellheim zieht in Erwägung, Preußen zu verlassen, und wagt sich vorzustellen, daß es ein Leben im »Winkel« geben könnte, wo man vom Urteil der Öffentlichkeit und von der »Ehre«, die von den Herrschenden willkürlich zugeteilt oder entzogen wird, unabhängig ist (V,9).

Was wäre geschehen, wenn Minnas Verstellspiel mit der Ankunft ihres Oheims, des Grafen von Bruchsall, zu Ende gegangen wäre, ohne daß sich Tellheims äußere Situation geändert hätte? Wäre Tellheim ohne das ihn rehabilitierende königliche Handschreiben ein anderer geworden? Hätte er seinem eigenen ›Fall‹ so frei gegenüberstehen können, um ihn nun auf sich beruhen zu lassen? Hätte er sich voll Verachtung aus den »Dienste[n] der Großen« lösen und von der geliebten Frau helfen lassen können? Diese Fragen bleiben offen und werden so natürlich zu Fragen an den Zuschauer. Denn es trifft das königliche Handschreiben ein und beendet – einem Deus-ex-machina-Eingriff ähnelnd – Tellheims Misere. Tellheim hat eine Position der öffentlichen Anerkennung und der finanziellen Unabhängigkeit wiedererlangt, und es ist ihm möglich, über sein Leben wieder *selbst* zu entscheiden. In der Freiheit, eine Wahl zu haben, kehrt er sich vom höfisch-militärischen Leben ab: »Die Dienste der Großen sind gefährlich und lohnen der Mühe, des Zwanges, der Erniedrigung nicht, die sie kosten« (V,9).

Minna spielt ihm, indem sie sich als enterbt und verstoßen ausgibt, sein eigenes Verhalten noch einmal vor: Als Elende kann sie ihn, den glücklich Rehabilitierten, mit ihrer Misere nicht belasten. Als selbständige Person will sie »ihr ganzes Glück der blinden Zärtlichkeit des Mannes« nicht verdanken (V,9). Als sich dann schließlich alles zum Guten wendet (das königliche Handschreiben ist da, Minnas Verstellspiel endet mit der Ankunft des Onkels, die Verlobungsringe sind wieder an den richtigen Fingern gelandet), ergreift Minna nochmals die Initiative, um Tellheims erneuter Tendenz zur Vereinseitigung entgegenzuwirken: sein Traum vom Glück im »Winkel« entspringe einem etwas übereilten und gewaltsamen Willen zur Veränderung. Denn er, der »ruhmvolle Krieger« und der vom preußischen König aufs neue umworbene Mann, wolle doch wohl nicht »in einen tändelnden Schäfer ausarte[n]«? (V,9).

Daß in dem ganzen Lustspiel die Handlungsinitiativen von den Frauen ausgehen, spiegelt sich noch einmal in der Schlußszene, als Minnas Kammerzofe Franziska den Wachtmeister Werner zum Ehemann nimmt. Jubelnder Abschied von Europa (»nach Persien«) und Bejahung eines Lebens, das ein Glücksspiel ist (»Über zehn Jahr' ist Sie Frau Generalin oder Witwe!«), sind die Motive, mit denen die Komödie schließt.

Lessings *Minna von Barnhelm* wurde in Hamburg (1767) und Berlin (1768) zum großen Bühnenerfolg. Es war Lessing gelungen, dem Genre der »Verlachkomödien« ein ernsthaftes Lustspiel entgegenzusetzen: Tellheim ist keine Figur, die ausgelacht werden kann und der die Zuschauer sich überlegen fühlen könnten. Im 19. Jahrhundert wurde das Lustspiel vielfach als »echt preußisch und echt deutsch« aufgefaßt.[19] Walter Mehring versuchte in seiner *Lessing-Legende* (Stuttgart 1893) herauszuarbeiten, daß *Minna von Barnhelm* eher eine antipreußische Satire als ein Preußen glorifizierendes Stück sei, doch die Nationalsozialisten griffen gerade zu *diesem* Drama, um auch Lessing für ihre Zwecke zu benutzen: Hans Schweikart verfilmte 1940 den Stoff als *Das Fräulein von Barnhelm*. Nach dem Zweiten Weltkrieg wurde das Drama als »Nachkriegsstück« neu entdeckt. Der existenzielle Ernst der Tellheim-Figur wurde herausgespielt (Inszenierung von Dieter Dorn, München 1976). Hansgünther Heyme (Stuttgart 1980) rückte Lessings Komödie in die Nähe von Kleist und arbeitete das Traumspielhafte vieler Szenen heraus. Die Berliner Inszenierung von Katharina Thalbach (1991) stellte ein riesiges Bett ins Zentrum des Spiels und machte das spielerische Überwiegen Minnas durch eine Schauspielerin von üppig-barocken Ausmaßen deutlich.

Auch ohne gewaltsam-anachronistischen Umgang mit Lessings Schauspiel ist ersichtlich, daß *Minna von Barnhelm* nicht in ihren engen Zeitkontext fixiert ist, sondern daß dies Drama in seiner Problemstellung, seiner Personenzeichnung und seiner Handlungsstruktur immer wieder aktuelle Bezüge entdecken läßt und neue Rätsel aufgibt. Das macht die *Minna* zu einem der meistgespielten Stücke auch des heutigen Theaters.

19 Vgl. Wilfried Barner [u. a.], *Lessing: Epoche – Werk – Wirkung*, 5., neubearb. Aufl., München 1987, S. 278.

Emilia Galotti. Ein Trauerspiel in fünf Aufzügen, geschrieben 1771/72 in Wolfenbüttel (Beschäftigung mit dem Stoff bereits seit 1757), 1772 in der Ausgabe der *Trauerspiele* veröffentlicht, Uraufführung am 13. März 1772 in Braunschweig.

Lessings Drama *Emilia Galotti* zeigt den Untergang einer bürgerlichen Familie in der Konfrontation mit dem Hofleben. Anlaß für diesen katastrophalen Ablauf ist die »Herzensregung« eines Duodezfürsten für ein Bürgermädchen. Dies Drama widmete der herzogliche Hofbibliothekar in Wolfenbüttel 1772 der Frau des regierenden Herzogs Karl I. zum 72. Geburtstag.
Das Sujet ist, wie Lessing selbst schon in einem frühen Brief geäußert hat (am 21. Januar 1758 an Friedrich Nicolai), »eine bürgerliche Virginia«. Lessing spielt damit auf die literarische Vorlage seines Dramas an, auf die Erzählung des römischen Historikers Livius (59 v. – 17 n. Chr.). Nach Livius hatte ein Appius Claudius in Rom die Macht usurpiert und versucht, die Tochter des Feldherrn Virginius mit Gewalt für sich zu gewinnen. In äußerster Bedrängnis habe Virginius keinen anderen Ausweg mehr gesehen, die Würde und die Freiheit seiner Tochter zu wahren, als sie in der Nähe eines Venus-Tempels zu erstechen. Diese verzweifelte Tötung der eigenen Tochter habe das römische Volk so erregt, daß es sich gegen den Tyrannen und seine Helfershelfer erhoben und die Usurpatoren in einer Revolte vertrieben habe. Lessing behauptet im zitierten Brief an Nicolai, er habe »die Geschichte der römischen Virginia von allem dem abgesondert, was sie für den ganzen Staat interessant machte«.
Auch ohne abschließende Bürger-Revolte bleibt es ein merkwürdiges Geburtstagsgeschenk, das Lessing der Herzogin Charlotte Philippine, einer Schwester Friedrichs des Großen, überbrachte. Bei der Festaufführung seines Dramas im herzoglichen Theater in Braunschweig ließ sich der

Autor wegen »Zahnweh« bei der Hofgesellschaft entschuldigen.

Der Prinz von Guastalla ist auf einer Abendgesellschaft einer jungen bürgerlichen Frau begegnet: Emilia, der Tochter des Odoardo Galotti. Dieser, vom Prinzen durchaus geschätzt und anerkannt, steht dem Hofleben und den territorialen Besitzansprüchen des Prinzen ablehnend gegenüber. Die junge Frau hat in dem Prinzen einen Gefühlsausbruch bewirkt, der ihn sein höfisch-eingeengtes Leben und seine Liebschaft mit der Mätresse Orsina als schal und unerfreulich empfinden läßt. Der Liebende erfährt durch seinen Kammerherrn, den Marchese Marinelli, daß Emilia Galotti dem Grafen Appiani zur Ehe versprochen ist, daß die Heirat noch an diesem Tag im Heimatgebiet von Odoardo Galotti stattfinden soll und daß sich Appiani dann mit seiner Frau in ein Leben abseits aller höfischen Verpflichtungen in den Piemonteser Alpentälern zurückziehen will. Dieser Zeitplan bedingt das hohe Tempo aller nachfolgenden Aktionen; die schnelle, drängende Handlung läßt aus einer Reihe von Zufällen und Intrigen einen unabwendbaren, schicksalhaften Ablauf hervorgehen, der zur Katastrophe führen muß und zugleich die Frage aufwirft, wodurch *diese* Katastrophe eigentlich zwingend wurde.

Während Marinelli Anstalten trifft, die Hochzeit zu verhindern, indem er den Bräutigam mit einer eiligen diplomatischen Mission betrauen und außer Landes schicken oder das Brautpaar entführen lassen will, sucht der Prinz auf eigene Faust noch einmal Kontakt zu Emilia: er lauert ihr in der Kirche auf, drängt sich an sie heran und gesteht ihr seine Liebe. Emilia (»Aber ich blickte nicht um; ich wollte tun, als ob ich es nicht hörte. – Was konnt' ich sonst?«, II,6) stürzt nach Hause und berichtet entsetzt und wohl auch etwas fasziniert ihrer Mutter, was vorgefallen ist. Die Mutter ist froh, daß der tugendstrenge Vater Odoardo, dem schon der unbewachte Kirchgang seiner Tochter Anlaß zu mißtrauisch ausgemalten Phantasien gewesen ist, das Haus verlassen

Emilia Galotti.

Ein Trauerspiel
in
fünf Aufzügen.
Von
Gotthold Ephraim Lessing.

Berlin
bey Christian Friedrich Voß, 1772.

Emilia Galotti. Titelblatt der Erstausgabe 1772

und seine Tochter in diesem Zustand nicht zu Gesicht bekommen hat. Daß man dem Bräutigam die Wahrheit sagen müsse, redet die Mutter der Tochter aus. Weder das anfängliche »Der Graf muß das wissen« der Emilia noch ihr abschließend-beruhigtes »Nun soll er gewiß nichts davon erfahren, mein guter Appiani!« läßt auf ein besonders liebevolles Verhältnis Emilias zu ihrem zukünftigen Ehemann schließen.

Appiani lehnt den diplomatischen Auftrag Marinellis brüsk ab, und Marinelli läßt deshalb – die enge Verbindung zwischen Hof und Unterwelt wird wie selbstverständlich vorausgesetzt – den Hochzeitszug überfallen und Appiani ermorden. Emilia wird scheinbar gerettet und auf Dosalo, dem Lustschloß des Prinzen, »in Sicherheit« gebracht. Bei der erneuten Begegnung mit dem Prinzen bleibt sie wie in der Kirche schweigsam und verhält sich wie gelähmt (III,5). Entgegen Marinellis Berechnungen (und in den von ihm vorgeplanten »Tanz« gehört der »Schritt« nicht, den der Prinz in der Kirche zu tun für nötig hielt, IV,1) ahnt Emilias Mutter die Zusammenhänge, da sie ja von den Nachstellungen des Prinzen in der Kirche gehört hat.

Ein erneuter Zufall bringt nun die Orsina, die vormalige Geliebte des Prinzen, ins Spiel. Unangekündigt trifft sie in Dosalo ein und verschafft sich rasch einen Überblick über die Situation. Sie sieht sich selbst als ›ausgemustert‹ und schätzt zugleich Emilias Situation realistisch ein. Einer Tendenz zur Selbstzerstörung gibt sie, hierin der Marwood aus dem *Miß Sara Sampson*-Drama ganz verwandt, keinen Raum, sondern verwandelt ihre Leidenschaftlichkeit in Aggressivität: Sie greift Marinelli mit seinen eigenen Mitteln an, sie ruft den Prinzen als Mörder aus, sie setzt den zufällig hinzukommenden Vater Galotti über das Geschehene in Kenntnis und übergibt dem außer sich Geratenen einen Dolch. Gegenüber der sprachlos werdenden und schnell überwältigten Emilia erscheint die Orsina als eine lebenserfahrene, zwar verletzliche, aber auch starke und kämpferische Frau, die sich zu wehren weiß. Vor allem Marinelli versucht, allerdings ohne sein Ziel zu erreichen, sich in die Orsina hineinzuversetzen, um so ihre möglichen Reaktionen einschätzen und sie auf diese Weise ›ruhigstellen‹ zu können: sie werde sich schon in ihr Mätressenschicksal finden; wenn sie aber den Prinzen tatsächlich liebe, werde dies ihre Aggressivität lähmen und es werde leicht sein, sie auszuschalten; schließlich will er sie als unzurechnungsfähig hinstellen. All diesen ›Rollenfestlegungen‹ entzieht sie sich auf kluge Weise. Ihre aggressive Raserei wirkt in diesem Spiel der höfischen Berechnung und der tugendhaft regulierten Bürgerlichkeit als das einzig Angemessene: »Wer über gewisse Dinge den Verstand nicht verlieret, der hat keinen zu verlieren« (IV,7). Aus der Begegnung mit ihr geht Odoardo Galotti, der Tugend-Tyrann, verändert hervor: plötzlich kann er sich verstellen und lügen (Ende von V,5), der Tyrannenmord erscheint ihm als möglicher Gedanke (Mitte von V,5), schließlich ermordet er, ihrem Wunsch gehorchend, seine Tochter (V,7). Der Prinz schiebt alle Schuld auf Marinelli, Odoardo Galotti ruft die göttliche Richterinstanz an, der Vorhang fällt.

Was motiviert Emilias Tod? Warum dies Ende? Diese Frage durchzieht die gesamte Rezeptionsgeschichte des Dramas. »Der Vorhang fällt, und wir schaudern«, stellt schon Herder in einer zeitgenössischen Besprechung zu Lessings Drama fest.[20] Welchen Sinn macht Emilias Tod, dieses tragische Ende? Das Drama soll »Schattenriß von dem Ganzen des ewigen Schöpfers« sein, fordert Lessing in der *Hamburgischen Dramaturgie* (79. Stück). Wo wird hier dem »miaron«, jenem Gräßlichen, »dem Murren wider die Vorsehung sich zugesellet und Verzweiflung von weitem nachschleicht« (ebd.), ein Riegel vorgeschoben? Wo liegen die Fehler der handelnden Personen, ohne die die Tragödie ausgeblieben wäre? Wie bleibt also *Emilia Galotti* im auch von Lessing

20 Johann Gottfried Herder, *Sämtliche Werke*, hrsg. von Bernhard Suphan, Bd. 23, Berlin 1881, S. 376.

theoretisch vertretenen »untragischen Tragödienmodell der Aufklärung«[21], wonach tragische Konflikte nur aus voreiligen, unvernünftigen Entscheidungen entstehen, die grundsätzlich vermieden werden können? Ist etwa Emilia zu nachgiebig? Oder ihre Mutter zu oberflächlich, zu hofbegeistert? Oder der Vater allzu mißtrauisch und durch seine Enge die Emanzipation der Tochter behindernd? Oder ist gar der Vater unfähig, seine Tochter aus einem latent inzestuösen Verhältnis freizugeben? Basiert die Eheschließung mit Appiani zu wenig auf Emilias eigenem Entschluß? Macht sie das für andere Männer verführbar? Nehmen Emilia selbst und ihr Vater die Jungfräulichkeit allzu ernst? Schon diese Fülle der Fragen, die natürlich als dramaturgische Möglichkeiten ihren theatralischen Reiz ausgeübt haben, deutet an, daß keine *einzelne* Erklärung befriedigend sein kann. Vielmehr erscheint das ganze Ethos des Bürgertums (Tugend, Abkehr vom Höfischen, Aufrichtigkeit, Reinheit) als ohnmächtig gegenüber der Verführung durch die Sphäre der Macht und des höfischen Luxus. Außerdem darf nicht vergessen werden, daß nur durch das Spiel vieler Zufälle das Drama letztlich den katastrophalen Verlauf nimmt und daß dies die Verantwortung der handelnden Personen notwendigerweise mindert. Die Katastrophe ist – von der Handlungsstruktur her gesehen – »zufällig«; so wie, im gleichsam umgekehrten Falle, der Komödienschluß im *Minna*-Drama zufällig und unwahrscheinlich gewesen ist. Von Fehlverhalten oder »Schuld«, die mit dem Tod »gebüßt« werden müßte, kann jedenfalls keine Rede sein. »Die weitgehend offene Schuldfrage, die daraus resultierende Forciertheit des tragischen Ausgangs, die durch Zufälle instandgehaltene Kausalität, die Unkenntnis der Gestalten von Wollen und Handeln der anderen, die hieraus entstehenden Irrtümer und Fehlhandlungen, die Abhängigkeit der Personen von den übermächtigen Sprach- und Dialog-

21 Horst Steinmetz, »Emilia Galotti«, in: *Interpretationen: Lessings Dramen* (Anm. 10), S. 100.

prozessen – das alles ruft Zweifel hinsichtlich der Tragödienqualität des Dramas auf, sofern es nach der Formel von Schuld und Sühne konstruiert sein soll. Zu dem Trauerspielmodell der Zeit steht es sichtbar in Widerspruch.«[22] Lessings Dramenpraxis führt ihn über die theoretischen Festlegungen des Tragödienideals der Aufklärung hinaus.

Die bürgerlichen Werte halten in der Konfrontation nicht stand. Individuelle »Schuld, die vermeidbar gewesen wäre«, ist dabei nicht auszumachen. So stellt sich durch das katastrophale Ende die moralisch gute Welt nicht wieder her.

Wäre es überdies so simpel, daß auf der *einen* Seite die *Gewalt* stünde und auf der *anderen* das *Leiden*, dann wäre Empörung und Rebellion vorprogrammiert wie in der Livius-Erzählung. Weil es aber nicht so ist, darum bleibt die Reaktion des Publikums offen. Emilia stellt, im Angesicht des Äußersten, fest, daß Gewalt nichts ist und wenig vermag, da man der Gewalt ja trotzen könne, während »Verführung [. . .] die wahre Gewalt« ist (V,7); damit ist das dualistische Hell-Dunkel- oder Gut-Böse-Schema aufgehoben. Die Gewalt wirkt als Verführung auch von innen. Emilia weiß, daß sie verführbar ist und daß die väterliche Moral sie davor nicht schützen wird. Macht und Luxus und Männlichkeit sind attraktiv und bewirken Zustimmung beim »Opfer«, das sich darum vom »Täter« nicht mehr völlig distanzieren kann. Dadurch soll nichts an der Gewalttat entschuldigt werden, sondern es geht darum, die schwierigen Bedingungen des Standhaltens und des Widerstands zu klären.

Dieses Problem wird vor den Zuschauern dargelegt. So erweist sich auch, daß *Emilia Galotti* eher ein Lehrstück als ein Identifikationsdrama ist. Der Theaterpraktiker Lessing setzte sich über den Theatertheoretiker Lessing hinweg: mit dem Stichwort der Verführbarkeit werden Probleme aufgeworfen, denen ein dramaturgisches Schattenriß-Postulat mit

22 Steinmetz (Anm. 21), S. 109.

seinem Grundgedanken, im Ganzen des ewigen Schöpfers werde sich alles zum besten auflösen, nicht mehr beikommt. Damit aber wird Lessings Drama auf eine viel umfassendere Weise »politisch«, als es die Erzählung des Livius war: Die latente eigene Bereitschaft zur Kooperation mit willkürlicher Macht und das mögliche Einverständnis mit einem totalitären System werden zu zentralen Fragen dieses Dramas. Das Versagen der bürgerlichen Werte vor der totalitären Macht: dies Grundthema des 20. Jahrhunderts wird in Lessings Drama von 1772 vorweg-behandelt.

Dabei verzichtete der Aufklärer Lessing, der noch mit seiner *Miß Sara Sampson* einen der »größten Weinerfolge des 18. Jahrhunderts« gefeiert hatte,[23] auf alles Rührselige; schnell war die Kritik zu hören, das Drama sei allzu kalkuliert, bestehe nur aus Verstandeskombinationen (Hebbel) und dringe nicht ins Gemüt, da es nicht aus dem Gemüt komme (Friedrich Schlegel). »Der einzige unverzeihliche Fehler eines tragischen Dichters ist dieser, daß er uns kalt läßt«, hatte Lessing noch in der *Hamburgischen Dramaturgie* formuliert (16. Stück), doch in *Emilia Galotti* beging er diesen ›Fehler‹ durchaus mit Absicht selbst: er korrigierte die Wirkung des »bürgerlichen Trauerspiels« und gab dem Genre einen neuen Charakter. Gegenüber der allseitigen und überwältigenden Tränenflut in *Miß Sara Sampson* nahm Lessing die Emotionen und die rührseligen Elemente zurück. »Es zeigt sich [...], daß hier ein Autor früh den Regressionscharakter der Larmoyanz erkannte, sich ihr verweigerte und die tragische Wirkung in einem neuen Konzept der Erschütterung fundierte, die nur *Keime von Thränen* hervorbringt.«[24] Nachdenklich, nicht (nur) gerührt, soll das Publikum das Theater verlassen.

23 Barner (Anm. 15), S. 89.
24 Barner (Anm. 15), S. 101.

Nathan der Weise. Ein dramatisches Gedicht in fünf Aufzügen, geschrieben 1778/79 in Wolfenbüttel, zur Leipziger Messe im April 1779 erschienen, Uraufführung am 14. April 1783 in Berlin.

»Ich muß versuchen, ob man mich auf meiner alten Kanzel, auf dem Theater wenigstens, noch ungestört will predigen lassen«, schrieb Lessing am 6. September 1778 an Elise Reimarus in Hamburg. Vorausgegangen war der Streit um die christentumskritischen *Fragmente eines Ungenannten*, also um die Schriften des Hamburger Orientalisten Hermann Samuel Reimarus, die Lessing als Fundstücke aus der Wolfenbütteler Bibliothek bezeichnet und herausgegeben hatte.[25] Aus dem Streit um die *Fragmente* war die scharfe Kontroverse zwischen Lessing und dem protestantisch-orthodoxen Hamburger Hauptpastor Johann Melchior Goeze hervorgegangen. Lessing hatte als Hofbibliothekar des Braunschweiger Herzogs in dieser Sache Schreibverbot erhalten. Nun verlagerte er die Auseinandersetzung auf die Bühne, ohne allerdings zu wissen, wo das Stück denn aufgeführt werden könnte.[26]

Lessing nannte sein Stück ein »dramatisches Gedicht« und entzog sich damit den für das Lustspiel und für die Tragödie geltenden Festsetzungen. Auch sein letztes Drama ist ein Vorstoß in Neuland, sowohl in formaler wie in inhaltlicher Hinsicht. Die Verwendung des Blankverses machte den fünfhebigen jambischen Vers ohne Reimbindung zum gebräuchlichsten des klassischen deutschen Dramas.

Das *Nathan*-Drama spielt an einem Tag des Jahres 1192, also während der Kreuzzüge. Die Überlegenheit des aus Kurdistan stammenden Sultans Saladin hat die christlichen Kreuzfahrer in die Defensive gebracht, Jerusalem wurde

25 Vgl. dazu die Ausführungen zu Lessings *Erziehung des Menschengeschlechts*, S. 93 f.

26 *Erläuterungen und Dokumente: Gotthold Ephraim Lessing, »Nathan der Weise«*, hrsg. von Peter von Düffel, Stuttgart 1972 (Reclams Universal-Bibliothek, 8118), S. 113 f.

von den Muslimen zurückerobert, und es ist ein Waffenstillstand geschlossen worden. Das Drama beginnt damit, daß der Jerusalemer Jude Nathan von einer weiten Geschäftsreise nach Osten, die ihn auch nach Babylon geführt hat, zurückkommt. »Babylon«, die Ortsangabe im fünften Vers der ersten Dramenszene, ist kein zufällig gewählter Name. Wenn der Jude Nathan diesen Ort zur Begründung seiner langen Abwesenheit nennt, dann schwingt die kollektive Erinnerung der Juden an den Fluchort Babylon mit, den Ort des Turmbaus und der langen Exiljahre, als die Babylonier im 6. Jahrhundert v. Chr. Jerusalem und den Salomonischen Tempel vernichtet und das Volk versklavt weggeführt hatten. Von dorther kehrt Nathan zurück, diesem Fluchort ist er entronnen, um gleich erfahren zu müssen, daß während seiner Abwesenheit sein Haus gebrannt habe. Das Haus und alles Materielle bekümmern ihn nicht, aber er gerät in äußerste Panik, als ihm seine christliche Haushälterin die Möglichkeit ausmalt, daß seine Tochter Recha mitverbrannt sein könnte. »Verbrannt«: das ist das mehrfach wiederholte Schlüsselwort der ersten Szene; die vom Brand verheerender Kriege bestimmte Kreuzzugrealität wird angedeutet. In diesem Feuer, das dem Juden Nathan sein über alles geliebtes Kind hätte rauben können, flammen die vielen Pogromfeuer der jüdischen Geschichte auf; im übermäßigen Entsetzen Nathans deutet sich an, was in der jüdischen Geschichte noch geschehen wird. Nur mühsam kann die christliche Haushälterin Daja, die ja mit ihrer Feuer-Botschaft dem Juden etwas ›einheizen‹ wollte, Nathan wieder beruhigen und ihn einsehen lassen, daß die Gefahr diesmal vorüber ist. Denn Recha ist von einem jungen Tempelherrn, einem christlichen Kreuzfahrer-Ritter, der den Sultan an seinen lange verschollenen Bruder erinnert hatte und deshalb begnadigt worden war, aus dem Feuer errettet worden. Da der Tempelherr sich ihr entzogen hat, glaubt sich Recha von einem Engel gerettet (I,2). Erst als Nathan den

Tempelherrn dazu bewegen kann, die von ihm Gerettete noch einmal zu sehen (II,5), ist Recha »geheilt« und zugleich ein wenig enttäuscht (III,3), während der junge Tempelherr in völlige Gefühlsverwirrung stürzt:

»[. . .] Sie sehn, und das Gefühl
An sie verstrickt, in sie verwebt zu sein,
War eins. – Bleibt eins. – Von ihr getrennt
Zu leben, ist mir ganz undenkbar; wär'
Mein Tod [. . .]
[. . .] Ist das nun Liebe:
So – liebt der Tempelritter freilich, – liebt
Der Christ das Judenmädchen freilich. – Hm!
Was tut's? Ich hab in dem gelobten Lande
[. . .]
Der Vorurteile mehr schon abgelegt –« (III,8).

Währenddessen hat Nathan über seinen muslimischen Freund, den Derwisch Al-Hafi, erfahren, daß Sultan Saladin in Geldschwierigkeiten sei. Aus edlen Motiven hat Saladin Al-Hafi zu seinem Schatzkanzler machen lassen, und nun sieht sich Al-Hafi gezwungen, für den »guten« Saladin Geld zusammenzupressen. Er weiß keinen anderen Ausweg, als seinen Schach-Freund, den reichen Juden Nathan, um dies Geld anzugehen. Da Nathan als kluger Kaufmann es ihm verweigert, sieht Al-Hafi die Rettung nur noch in der Flucht: denn wenn der gute Sultan das, was er als Sultan braucht, nicht ohne Gewalt bekommt, dann wird er eben Gewalt anwenden *müssen*, und daran will der Derwisch nicht mehr mitwirken:

»[Al-Hafi:] Ei was! – Es wär' nicht Geckerei,
Bei Hunderttausenden die Menschen drücken,
Ausmergeln, plündern, martern, würgen; und
Ein Menschenfreund an einzeln scheinen wollen?
Es wär' nicht Geckerei, des Höchsten Milde,

Die sonder Auswahl über Bös' und Gute
Und Flur und Wüstenei, in Sonnenschein
Und Regen sich verbreitet, – nachzuäffen,
Und nicht des Höchsten immer volle Hand
zu haben?« (I,3).

Die Gewaltspirale dreht sich tatsächlich: Sittah, die Schwester des »guten« Saladin, denkt sich eine Methode aus, wie man den reichen und als weise geltenden Juden ganz ohne äußere Gewaltanwendung gefügig machen könnte (II,3): indem der muslimische Sultan ihn nach der richtigen Religion fragt. Gelingt es dem Juden nicht, sich herauszureden – und wie sollte ihm das gelingen, wenn die Schachexpertin Sittah (II,1) ihm die Schlinge legt? –, dann sitzt er in der Falle und wird zahlen müssen (III,4). Nach Sittahs Ansicht geht ein Jude sowieso davon aus, daß man ihm nach seinem Geld trachtet; warum sollte sich Saladin dann schämen, »so zu scheinen / Wie er die Menschen all sich denkt?« Nur wenn sich der Jude der Schlinge entziehen könnte, wenn er also nach Sittahs Ansicht nicht »bloß / Ein Jude« ist, wäre er »ja so / Schon unser, ohne Schlinge«. Daß es diesen Ausweg für den Juden geben könnte, glaubt sie selbst freilich nicht, sondern sie spielt diese Möglichkeit nur dem Bruder vor, um dessen Gewissen zu beruhigen. Denn für sie steht es ja fest, daß ihr »Anschlag« auf Nathan (II,3) den Juden auf jeden Fall in ihre Gewalt bringt. Daß es bei alldem darum geht, dem Juden Angst einzujagen, um ihn erpressen zu können (»Geld einem Juden abzubangen«, III,5), formuliert Saladin, kurz bevor der herbeizitierte Jude kommt. Nathan ahnt im Sultanspalast sehr bald die Falle, die ihm gestellt ist (III,6). Er spielt seine Möglichkeiten durch und sieht das Ausweglose: »Ich muß / Behutsam gehn! – Und wie? wie das? – So ganz / Stockjude sein zu wollen, geht schon nicht. / Und ganz und gar nicht Jude, geht noch minder. / Denn, wenn kein Jude, dürft' er mich nur fragen / Warum kein Muselmann? –« (III,6). Verteidigt der Jude also sein Jude-

Sein, wird der Sultan zu Recht ungehalten sein und ihn zur Strafe Geld zahlen lassen; gibt er sein Jude-Sein preis, kann ihn der Sultan zur Konversion zwingen – oder eben wieder zur Geldzahlung.

Während dieser Plan geschmiedet wird, versucht der christliche Patriarch von Jerusalem den Tempelherrn als Agenten anzuwerben, der den Sultan ausspionieren soll. Da der Laienbruder Bonafides, den der Patriarch mit diesem Anwerbungsauftrag losgeschickt hat, aufgrund seines gesunden Menschenverstandes mit solchem ›christlichen Tun‹ gar nicht einig ist und doch gehorchen muß, ist er froh, als der Tempelherr auf das Ansinnen des Patriarchen empört reagiert (I,6). Doch dann schließt sich die Falle gegen Nathan auch von dieser Seite: da Nathan zögert, dem Werben des Tempelherrn um Recha sofort nachzugeben, ist dieser so erbost und in seinem Selbstwertgefühl getroffen, daß er zum Patriarchen geht, um diesem – allerdings nur als »Hypothes« – den Fall vorzutragen, was zu geschehen hätte, wenn ein Jude ein Christenkind als *sein* Kind auferzogen habe (IV,2). Denn Recha, so hatte der Tempelherr es von der christlichen Haushälterin Daja erfahren, sei nicht Nathans leibliche Tochter, sondern ein adoptiertes Christenkind. Der Patriarch, vor dessen innerem Auge schon die Scheiterhaufen lodern (sein wiederholtes »Macht nichts, der Jude wird verbrannt!«), glaubt den hypothetischen Charakter des Falles nicht und beauftragt gleich wieder den Klosterbruder Bonafides, das wirkliche Vorkommnis aufzudecken (IV,2). Der Laienbruder aber weiß, daß es um Nathan geht.

Nathan selbst ist inzwischen zum Sultan gerufen worden, und der Sultan hat ihm die Erpressungsfrage vorgelegt, welche Religion die beste sei. Nathan versucht, nachdem er erkannt hat, daß die Frage nach der »Wahrheit« nur als »Falle« benutzt wird, den Saladin mit einem »Märchen abzuspeisen«, doch der Sultan läßt sich nicht so schnell zufriedenstellen. Daß die Religionen gleich seien und ununterscheidbar, bestreitet er ärgerlich. Nathan muß die Ringparabel, die als Erzählung im *Decamerone* des Boccaccio überliefert ist,[27] weiterdenken, um sich aus der Schlinge ziehen und den Sultan überwinden zu können. Denn tatsächlich sind die Religionen ja nach ihrer äußeren Form zu unterscheiden. Gleich sind sie aber in bezug auf ihre Wahrheit, die geschichtlich begründet und deshalb auch geschichtlich umstritten ist: »Denn gründen alle sich nicht auf Geschichte? / Geschrieben oder überliefert! – Und / Geschichte muß doch wohl allein auf Treu / Und Glauben angenommen werden? – Nicht?« (III,7). Nathan versucht, durch einladende Gesten und zustimmungsheischende Floskeln (wie das »nicht?«) den zunächst erzürnten Saladin positiv zu beeinflussen und ihn zur Zustimmung zu bewegen. Doch der Sultan verstummt, und erst spät stimmt er Nathan emphatisch zu, um dann bestürzt und beschämt das Ungeheuerliche seines Vorhabens und seines Verhaltens einzugestehen. Denn über die Antwort auf die Frage nach der richtigen Religion zu urteilen wäre Gottes Sache (»Ich Staub? Ich Nichts? / O Gott! [. . .] Sein Richterstuhl ist nicht / Der meine«, III,7). Die »Wahrheit« des Islam als Waffe gegen den Juden zu benutzen, wie Saladin und Sittah es vorhatten, wäre der Beweis, daß der Islam keine Religion aus Gottes Hand ist. Denn, so lautete die Botschaft von Nathans »Märchen«, der Ringparabel: Die Religionen erweisen ihre auf Geschichte gegründete Wahrheit *in* der Geschichte, indem sie zwischen den Menschen Frieden schaffen und wohltuend nach außen wirken. Sind sie dagegen nicht von Gott, so bewirken sie Argwohn und Haß gegen andersgläubige Menschen. Was aber die Religionen sind, ob es eine wahre Religion gibt, ob alle drei monotheistischen

27 Genaue Untersuchungen zur Motivgeschichte, vor allem Hinweise auf Lessings Maimonides-Kenntnisse und die »Ringanekdote« im *Schebet Jehuda* des Rabbi Salomon Ibn Vergas bei: Friedrich Niewöhner, *Veritas sive Varietas. Lessings Toleranzparabel und das Buch Von den drei Betrügern*, Heidelberg 1988.

Religionen von Gott sind oder ob alle Gläubigen betrogene Betrüger sind,[28] die durch falsche Verheißungen genarrt wurden, ist noch nicht entschieden, denn die Geschichte ist noch unabgeschlossen. Solange aber kann nur gelten, daß man so zu handeln habe, *als ob* die eigene Religion die wahre sei, wodurch die Religionen in ein Verhältnis agonaler (also: wettkampfähnlicher) Toleranz treten werden. Genauso bescheidet, in Nathans »Märchen«, der Richter die drei streitenden Söhne:

> [...] »Mein Rat ist aber der: ihr nehmt
> Die Sache völlig wie sie liegt. Hat von
> Euch jeder seinen Ring von seinem Vater:
> So glaube jeder sich seinen Ring
> Der echten« (III,7).

28 Anregend, aber auf ein wohl doch zu esoterisches Verständnis der Ringparabel abzielend sind die Beobachtungen von Rüdiger Zymner: »›Der Stein war ein Opal‹: Eine versteckte Kunst-Apotheose in Lessings morgenländischer ›Ringparabel‹«, in: *Lessing-Yearbook*, Vol. 24 (1992), Detroit 1993, S. 77–96.
Zymners These: Es sei auffällig, daß der Vater einen »Künstler« beauftrage, den Ring mitsamt dem »Opal«-Stein nachmachen zu lassen, um jeden seiner drei Söhne zufriedenstellen zu können. In der Stofftradition komme ein solcher »Künstler« nicht vor, und auch die Bestimmung des Edelsteins als »Opal« sei singulär. In zeitgenössischen Lexika sei zu lesen gewesen, daß es unmöglich oder doch immerhin sehr schwer sei, den Opal künstlich nachzuahmen. Wenn sich also in der Ringparabel herausstelle, daß schon der Vater die Ringe, die der Künstler ihm gibt, nicht mehr unterscheiden könne, dann könne abgeleitet werden: »Es *muß* sich herausstellen, daß sie falsch *sind*, denn einen Opal kann man gar nicht künstlich nachmachen, und wenn jetzt drei ›Opale‹ vorgewiesen werden, die sich vollkommen gleich sind, so kann keiner von ihnen der echte Opal des Vaters sein. Es muß sich um drei ›vollkommen gleiche‹ Fälschungen handeln« (S.92). Wo dann der echte Ring geblieben sei? Ihn habe »der Künstler«! »Die Ringparabel läßt die durch Indizien gestützte Vermutung zu, daß der Künstler den Vater und die drei Söhne betrogen und den Ring behalten hat« (ebd.). Die Konsequenz dieser Vermutungen ist die Annahme, daß nur der Künstler mit dem echten Ring den wahren Glauben besitze und daß dies die versteckte Aussage von Lessings Ringparabel sei.

Dann müsse sich erweisen, welcher Ring der echte sei, denn der »hatte die geheime Kraft, vor Gott / Und Menschen angenehm zu machen, wer / In dieser Zuversicht ihn trug«. Daß Nathan am Anfang seines »Geschichtchens« den Ring nicht automatisch wirkmächtig sein ließ, sondern daß die »Zuversicht« des Trägers dazukommen mußte, um ihn wirksam werden zu lassen, erweist sich nun als der springende Punkt der Ringparabel: ob Gott und seine den Religionen gegebenen Verheißungen in der Geschichte wirken, ist zweifelhaft. Der Krieg aller gegen alle und vor allem der Haß aus religiösen Motiven, wie ihn Nathan kennt, sprechen dagegen. Aber was immer am Ende der Geschichte sich zeigt, die Wahrheit Gottes (der wahre Ring) wird nur offenbar werden können, wenn die Menschen ihr gemäß schon *jetzt* menschenfreundlich zu handeln versucht haben. Der Sultan, von dem »Geschichtchen« überwältigt, bittet den Juden, dem er das Geld »abbangen« wollte, um seine Freundschaft: »Geh! – Geh! – Aber sei mein Freund!« Zur Festigung der gerade erst begründeten Freundschaft läßt Nathan ihm freiwillig Geld da (»weil doch / Ein naher Krieg des Geldes immer mehr / Erfodert«, III,7).

Während nun Bonafides zu Nathan kommt (IV,7), sucht der Tempelherr den Sultan auf und gesteht ihm seine Verwirrung und seinen Gang zum Patriarchen. Saladin läßt Nathans Tochter in den Sultanspalast überführen (IV,5), um die Verbindung zwischen Recha und dem Tempelherrn zu fördern und um sie gleichzeitig dem Zugriff des Patriarchen zu entziehen. Recha ist verstört über die Mitteilungen Dajas, daß sie nicht Nathans leibliches Kind und daß sie getauft sei. Zwischen dem Klosterbruder und Nathan wird nun das Geschehene aufgedeckt (IV,7): Unter dem Siegel der Verschwiegenheit erzählt Nathan dem Klosterbruder vom Pogrom in Gath, vom Massaker an seiner Familie, von der eigenen Verzweiflung und davon, daß ihm damals ein Reitknecht ein Christenmädchen gebracht und er dies Kind adoptiert habe als Zeichen eines neuen Lebens. Bonafides, der Klosterbruder, war dieser Reitknecht, und er entdeckt sich Nathan. Im Auftrag des verwitweten Vaters hatte er das Mädchen damals zu Nathan gebracht. Denn Nathan war ein Freund dieses Wolf von Filnek gewesen, der eine Deutsche geheiratet hatte (IV,7) und doch am liebsten Persisch sprach (V,8). Bonafides sorgt sich um das Mädchen, seit der Patriarch ein bei einem Juden verstecktes Christenkind aufspüren will. In der Begegnung zwischen dem Klosterbruder und Nathan (IV,7) kommen die Erfahrungen, die Nathan geprägt haben, zur Sprache. Indem er mit diesen Erfahrungen eine realistische Figur aus der jüdischen Leidensgeschichte während der Kreuzzugszeit ist, sind ihm die späteren Pogrome und auch die Schoah des 20. Jahrhunderts nicht völlig fremd. Nathans Familie ist verbrannt, der Patriarch trachtet ihm nach dem Leben, beim Sultan wird dem Juden eine Falle gestellt, seine christliche Haushälterin bleibt in ihrem Antijudaismus unbelehrbar, und der junge Tempelherr kann es sich leisten, den alten Juden zu beleidigen und zu diskriminieren. Nathan ist eine bedrohte, von vielen Seiten gefährdete, äußerst mißtrauische Person. Erst durch das Gespräch mit dem Klosterbruder gelingt es Nathan, die ganze Verwirrung aufzulösen und ein märchenhaft-unwahrscheinliches Ende vorzubereiten. Er kann nachweisen, daß sich inmitten der Kreuzzugskriege und über alle Religionsgrenzen hinweg eine Familie wiedergefunden hat: der Tempelherr und Recha sind Geschwister, Sittah und Saladin ihr Onkel und ihre Tante, Saladins Bruder Assad war Wolf von Filnek, ihr Vater, der eine Deutsche geheiratet hatte.

In diesem »happy end« bleiben aber Widersprüche: Nathan gehört nicht zur Familie; Al-Hafi ist geflohen; was aus dem Klosterbruder wird, weiß man nicht. Der Kreuzzug wird weitergehen, der Patriarch stiftet weiter Unheil, und doch fällt der Theatervorhang »unter stummer Wiederholung allseitiger Umarmungen« (V,8).

Wird das »Nathan»-Drama den jüdischen Leidenserfahrungen gerecht?[29] Oder werden hier Verfolgungserfahrungen allzu locker überspielt, verschwindet die latente Angst in den geschliffenen Blankvers-Zeilen, ist »das Schreckliche an dieser raffinierten, glänzenden Konstruktion [...] die glatte Lösung« (Claus Peymann)? Diese Fragen sollte der Interpret nicht für den Leser bzw. Zuschauer beantworten wollen. Sie sind es, die das Drama auf der Bühne lebendig erhalten. Das Drama selbst ist ein »Märchen« und Nathans »Geschichtchen«, mit dem er den Sultan »abspeist«, vergleichbar: Fast nicht glaubhaft ist das glückliche Ende der Familienzusammenführung, fast unglaublich sind Nathans Voraussetzungen und Fähigkeiten, äußerst bedroht steht diese Freundschafts- und Familienidylle im Kreuzzugszeitalter. So müßte gehandelt werden, wenn es Hoffnung geben sollte, daß der religiöse Haß und der real drohende Krieg nicht die Oberhand behalten werden. »Möcht' auch doch / Die ganze Welt uns hören«, ermuntert Nathan sich selbst und seinen königlichen Zuhörer vor dem Märchenerzählen. »Tretet ein, auch hier sind Götter« ist das Motto,[30] das Lessing seinem *Nathan* vorausstellt und mit dem er um Aufmerksamkeit wirbt, nachdem ihm im theologischen Streit Publikationsverbot erteilt worden ist.

Nach dem Zweiten Weltkrieg haben mehrere deutsche Bühnen ihren Betrieb mit einer Aufführung des *Nathan* eröffnet, und Ernst Deutsch verkörperte auf unvergessene Weise das Edelmütige und Verzeihende dieser jüdischen Figur. Seit einigen Jahren aber wird der polemische Charakter des Dramas wieder auf der Bühne verdeutlicht, Nathans Ängste und seine verborgene Aggressivität werden herausgespielt. Seine »Weisheit« wird dabei verstehbar als ein Versuch, die Wunden vernarben zu lassen und angesichts des Schreckens nicht völlig kopf- und herzlos zu werden. Diese »Weisheit« ist dem Juden Nathan nicht zugewachsen und nicht habi-

29 Vgl. dazu die Diskussion jüdischer Autoren, die Barner referiert (Barner, Anm.3, S. 52 f.).

30 »Introite, nam et heic Dii sunt! APUD GELLIUM«, so heißt es auf dem Titelblatt des *Nathan*.

Nathan der Weise: Ernst Deutsch als Nathan, Schiller-Theater Berlin, 1955

Nathan der Weise: Traugott Buhre als Nathan. Inszenierung von Claus Peymann in Bochum, 1981

tuell, sie ist als kalkulierte und äußerst gefährdete Überlebensstrategie zu verstehen. Theaterinszenierungen, die das herausarbeiten, zeigen das Familientableau der Schlußszene dementsprechend »rissig«: daß Saladin und Sittah dem Juden die Tochter entreißen, wird betont; Nathans Abseitsstehen wird gezeigt; oder es wird der ganze Dramenschluß als märchenhaft-unwirklich bloßgestellt. *Dieser* Nathan, zu dessen Identität das Pogrom in Gath und damit die ganze jüdische Geschichte gehört, verbirgt sich immer wieder (wie in der Leipziger Inszenierung von 1992) in seinem Tallit, im Gebetsmantel, um die Schläge auszuhalten und sich inmitten des Kriegs und der Bedrohung neu besinnen zu können.

2. Gedichte

Lessing veröffentlichte als Zweiundzwanzigjähriger seine frühen Gedichte unter dem Titel *Kleinigkeiten*. Dies Büchlein von 1751 brachte ihm frühen literarischen Ruhm. Seine Lieddichtung fand 1753 Aufnahme in den ersten Teil seiner *Schriften*, und 1771 wurden die lyrischen Texte noch einmal neu zusammengestellt und revidiert in den *Vermischten Schriften* herausgegeben.

Drei Arten von Gedichten können bei Lessing unterschieden werden: Neben die *Lieder* in anakreontischer Tradition (1) traten 1753 die *Oden* (2), die größtenteils 1752 in Wittenberg entstanden waren; 1771 stellte Lessing der Sammlung seiner (weitgehend 1751/52 in Berlin und Wittenberg verfaßten) *Sinngedichte* (3) eine Abhandlung über das Epigramm voraus.

Die Zeitgenossen schätzten die Gedichte Lessings hoch ein, während für den heutigen Leser dieser Teil des Lessingschen Werks deutlich im Schatten seiner dramatischen und kritischen Arbeiten steht. Seit Goethe hat sich die Vorstellung, was ein Gedicht sei, so stark gewandelt, daß Lessings Lyrik uns nicht mehr unmittelbar anspricht. Doch ist sie als ein wichtiger Bestandteil seines Frühwerks zu würdigen, weil sie Aufschluß über seinen Umgang mit literarischen Traditionen und die Herausbildung des eigenen Stils gibt.

(1) Lessings Frühzeit war zugleich eine Blütezeit der deutschen *anakreontischen Dichtung*. Diese gesellig tändelnde Liedpoesie des 18. Jahrhunderts wurde weitgehend antiken Mustern nachgestaltet, wobei der griechische Lyriker Anakreon aus dem 6. Jahrhundert v. Chr. als Begründer dieser thematisch und sozial begrenzten Lieddichtung gilt. Zur anakreontischen Dichtung gehört der Freundschaftsbund bzw. der Dichterkreis, in dem mit den Liedern und ihrer Motivik gespielt wird. Unter dem Aspekt des »carpe diem« wird die Macht der Liebe und des Weins besungen, die Geselligkeit und das Schäferidyll werden gepriesen.

Lessing hat schon als Schüler von St. Afra in Meißen versucht, im anakreontischen Stil zu dichten. 1747/48 veröffentlichte er in Zeitschriften, die sein entfernt verwandter »Vetter« Christlob Mylius herausgab, seine Lieder. 1751 erschienen anakreontische Gedichte Lessings in der Beilage der *Berlinischen Zeitung* (der späteren *Vossischen Zeitung*).

Sein Lied **Für wen ich singe** verdeutlicht den Adressatenkreis dieser Lyrik. Lessing spielt mit der anakreontischen Form der Priamel: Umständlich werden Negationen aneinandergereiht, um nach solcher Vorbereitung in den Schlußstrophen die positive Auflösung präsentieren und besingen zu können. Das Lessing-Gedicht verbleibt allerdings während der Negativ-Aufzählung (»Ich singe nicht ...«) nicht im fiktiven Raum, sondern bezeichnet konkrete gesellschaftliche Bereiche, denen sich der Sänger entziehen möchte: Gelehrtenschule, Literaturkritik, Hurra-Patriotismus, frommem Moralismus, um sich dann emphatisch auf die »Brüder« und die »Schöne« beziehen zu können. Elemente studentischer Lieder sind hier in den anakreontischen Bereich integriert und geben dem Ganzen einen forciert fröhlichen Ton. »Phyllis« als Name der Schönen verankert das Lied zusätzlich in der anakreontischen Tradition. Der schwungvolle Abschied des Leipziger Studenten Lessing vom Kamenzer Elternhaus mit seinem protestantischen Ernst und von der klösterlichen Strenge der Meißener Fürstenschule, seine Abgrenzung von vaterländischen Lobgesängen ebenso wie von unkritischer Hochschätzung alles Ausländischen klingen in diesem Lied an. Das Gedicht ist Ergebnis der Anverwandlung antiker Muster und zugleich konkreter Ausdruck der Leipziger Freundschaftsbeziehungen und der Nähe zu Schauspielerinnen der Leipziger Theaterszene.

In dem Gedicht **Der Tod** baut Lessing eine dialogische Szene auf, mischt Momente der Ständesatire (hier auf die Ärzte zielend) hinein und läßt mit Lebenslust und Weinseligkeit das »anakreontische Milieu« entstehen. Doch deutet sich in der letzten Strophe des Gedichts mit der hyperbolischen Anapher des vierfachen »Ewig« an, daß Lessing mit den naiven Antworten der Anakreontik und dem dauernden »carpe diem« und »memento mori« unzufrieden wurde. Ein Moment ironischer Distanzierung ist spürbar, die anakreontische Konvention wird spielerisch in Frage gestellt.[31]

Ein Gedicht wie das 1771 nicht wieder mitabgedruckte **Ich** bringt dagegen einen wirklich ungewohnten Ton in die Sammlung anakreontischer Lieder. Diesem 1752 entstandenen Stammbuchgedicht fehlt die Stimmung der Weinseligkeit, es wird nicht von Liebesbeziehungen, die sich ganz in literarischer Tradition erschöpfen, geredet, es gibt keine Anbindung an einen Freundschaftsbund. Vielmehr tritt ein beinah nacktes Ich auf, das seiner selbst in aller Bedrängnis sicher zu sein behauptet. Von Flucht ist die Rede, von baldigem Vergessen, von materieller Armut, von schnellem Tod, von Demütigung. Das Ich ist isoliert von den anderen Menschen, auch von der Nachwelt (»Was braucht sie, wen sie tritt, zu wissen?«); all das bleibt unerheblich, wenn nur das Ich seiner selbst gewiß ist. Doch dieser ungerührte Stoizismus ist dem Text kaum zu glauben. Weder Ehre noch Geld, noch Beachtung sind von Bedeutung, »weiß ich nur wer ich bin«: das ist beinah konditional formuliert und beinhaltet denn auch, wie schmerzhaft das Leben ist, sobald diese Selbstgewißheit brüchig wird. Schon der junge Lessing sprach vom »Labyrinth der Selbsterkenntnis«: »Man schieße einen Blick in sich selbst; man setze alles was man weiß, als wüßte man es nicht, bei Seite; auf einmal ist man in einer undurchdringlichen Nacht«.[32] So gewiß war auch

31 Barner (Anm.19), S. 158.

32 Nach: Dieter Hildebrandt, *Lessing. Biographie einer Emanzipation*, Frankfurt a. M. / Berlin / Wien 1982, S. 28. Das Lessing-Zitat stammt aus der »Vorerinnerung« zu dem Lehrgedicht-Fragment *Die Religion*, zunächst in der *Berlinischen privilegirten Zeitung* veröffentlicht, 1753 in die *Schriften* aufgenommen (GW 1,201).

schon dem jungen Lessing die Selbstgewißheit nicht. Und sein ungerührter Stoizismus ist ihm je länger, je weniger zu glauben: er hat später seine Dramaturgie darauf aufgebaut, daß die den stoischen Gleichmut durchstoßende Furcht um sich selbst den Menschen zum Mitleid für andere öffnen könne; er hat allen Stoizismus als gänzlich untheatralisch verworfen; er hat seinem Major Tellheim den Satz in den Mund gelegt, den er als Autor auch selbst verwendet haben soll: »Galle ist doch das beste, was wir haben.« »Weiß ich nur wer ich bin«: daraus gewann der junge Lessing sein Selbstbewußtsein, und daran hing die ganze Existenz. Das eröffnete Spiel- und Existenzräume jenseits der anakreontischen Inszenierungen.

(2) Lessings veröffentlichte *Oden* bleiben fast ganz im Rahmen der vorgegebenen Konvention. Anders dagegen nahm Lessing die Odentradition in brieflich-privaten Äußerungen auf, wo er gegen kriegsverherrlichende Oden seines Berliner Freundes Johann Wilhelm Ludwig Gleim schroff antipathetische »Odengerippe« – so nennt er sie selbst im Brief an ihn vom 14. Juli 1757 – setzte. In der »Brief-Ode«, die er ihm im Mai 1757 von Leipzig aus schickte, verspottet Lessing Gleims martialischen Eifer für den Preußenkönig: »Was hält Dich noch? Singe ihn, Deinen König! Deinen tapfern, doch menschlichen; Deinen schlauen, doch edeldenkenden Friedrich! – Singe ihn, an der Spitze seines Heers [. . .] – Singe ihn, im Dampfe der Schlacht [. . .] – Singe ihn, im Kranze des Sieges; tiefsinnig auf dem Schlachtfelde, mit tränendem Auge unter den Leichnamen seiner verewigten Gefährten.« In beinahe schon Heineschem Ton ›heizt‹ Lessing den Freund zur Kriegsdichtung an. Unverkennbar ist der ironisierende Unterton, die Demontage der Königshymnen; der Entwurf der Schlußstrophen macht Lessings Absicht klar: an die Stelle des Schlachtgesangs tritt bei ihm die Klage und die Königskritik: »Du weißt, wie Du ihn am besten singen sollst. Ich will unterdes mit äsopischer Schüchternheit, ein Freund der

Tiere, stillere Weisheit lehren – – Ein Märchen vom blutigen Tiger, der, als der sorglose Hirt mit Chloris und dem Echo scherzte, die arme Herde würgte und zerstreute« (GW 9,120 f.). Gegen die Todessehnsucht des Heroismus stellt Lessing, in einem »abermalige[n] Gerippe einer Ode« im Brief vom 14. Juli 1757 an Gleim (GW 9,121), die Wärme der lebendigen und sich ausdehnenden Freundschaft. Doch der von ihm angesprochene Freund Ewald von Kleist war nicht mehr zu retten, er hat den Tod im Krieg gesucht und ihn bei Kunersdorf im August 1759 gefunden. Lessing sah in solchem Heldentum nichts als eine Krankheit zum Tode, gegen die er sein *Philotas*-Drama und seine briefliche Ode vom 14. Juli 1757 zu stellen versuchte: »Der nur falle so jung, der in eine traurige, öde Wüste hinaussieht, in künftige Tage, leer an Freundschaft und Tugend, leer an großen Entwürfen zur Unsterblichkeit: – Nicht Du, o Kleist« (GW 9,125).

(3) Das *Sinngedicht* war die dritte vorgegebene lyrische Gattung, in der sich Lessing versuchte. Er hinterließ mehr als 200 Epigramme, darunter auch einige lateinische. Ähnlich wie bei der Fabel und beim Drama hat Lessing hier poetische Praxis und theoretische Reflexion zu verbinden versucht. Die Tradition dieser poetischen Kleingattung hat er als Student in Leipzig genau studiert. Eine erste Sammlung eigener Sinngedichte erschien 1753 im Rahmen der *Schriften*; 1759 machte Lessing als Mitherausgeber den Barockepigrammatiker Logau neu bekannt, und 1761 erschienen seine *Anmerkungen über das Epigramm*, die er 1771 in erweiterter Form noch einmal publiziert hat.

Das Strukturprinzip einiger anakreontischer Lieder und des brieflichen »Odengerippes« gegen den preußischen König wird in Lessings Sinngedichten zum formbestimmenden Element: das Gedicht schlägt in den Schlußzeilen bzw. Schlußstrophen um und überrascht den Leser durch eine unerwartete Pointe. Die Zuspitzung des Epigramms, sein »acumen«, wird eng mit der wirkungsästhetisch neu bestimmten dramatischen Struktur des Epigramms verknüpft. Für Lessing gleicht das Epigramm dem leichten Pfeil, der spielerisch sein Ziel findet; und für Herder ist Lessings Epigramm eine »kleine geschäftige Biene, / Die auf Blumen umher flieget und sauset und sticht«[33]. Was durch die kleine Verletzung angestachelt werden soll, ist das »Selberdenken«: »so läßt das Nach-Denken über die epigrammatische Pointe noch einmal die Exposition mit neuer Aufmerksamkeit, neuer Perspektive durchgehen«.[34] Schon in der Tradition (wobei sich Lessing vor allem auf den römischen Epigrammatiker Martial bezog) war der motivische Reichtum des Sinngedichts vorgegeben: Berufs- und Ständekritik, knappe Erörterung literarischer Probleme, konkrete Dichter-Kritik, lebenskundliche Einsicht, satirische Grabinschrift, Kritik höfischer Lustbarkeit, all das war möglich und üblich in der epigrammatischen Dichtung. Die Themen waren bekannt, die inhaltliche Relevanz dementsprechend gering. Lessing spricht vom Epigramm als »dem witzigsten Spielwerke, der sinnreichsten Kleinigkeit« (GW 7,7). Es geht um Esprit, um »ästhetische Prägnanz«, der sprachlich-intellektuelle Einfall soll das Bagatellhafte von Gegenstand und Anlaß vergessen machen.

Lessing geht in seinen theoretischen Überlegungen von der ursprünglichen Gebrauchsfunktion des Epigramms aus: es diente z. B. als Aufschrift auf Statuen, Denkmälern, Weihegeschenken. Die Aufschrift hat also einen Bezug auf etwas Konkretes, z. B. auf eine Weihegabe (»Die eigentliche Aufschrift ist ohne das, worauf sie steht, oder stehen könnte, nicht zu denken [...]. Erst irgend ein sinnlicher Gegenstand, welcher unsere Neugierde reizet: und dann die Nachricht auf diesem Gegenstande selbst, welche unsere Neugierde befriediget«, GW 7,10). Aus dieser Relation zwischen konkretem Gegenstand und eigentlicher Aufschrift

33 Herder (Anm. 20), Bd. 29, S. 157.

34 Wilfried Barner, »Vergnügen, Erkenntnis, Kritik. Zum Epigramm und seiner Tradition in der Neuzeit«, in: *Gymnasium* 92 (1985) S.366.

ergibt sich nach Lessing auch für das rein literarische Epigramm, das mit einer Denkmalaufschrift nur noch entfernt verwandt ist, eine Zweiteiligkeit. Dies verleiht dem Epigramm bei Lessing einen dynamischen, häufig szenischen Charakter. Erfordert ist eine Zweiteilung in Erwartungsweckung und »Aufschluß« (GW 7,11), in Neugiererregung und unvermutete Befriedigung. Dabei liegt der Akzent auf dem Neuen, dem für den Leser Unvermuteten, der überraschenden Pointe: der Epigrammatiker muß den Leser dazu bringen, »etwas ganz anders voraus zu sehen, als er ihm endlich gibt« (GW 7,48). Das Nach-Denken über die epigrammatische Pointe fordert vom Leser oder Hörer, die Exposition noch einmal mit neuer Aufmerksamkeit und anderer Perspektive durchzugehen. Diese Unterscheidung von »Erwartung« und »Aufschluß« des Epigramms war epochemachend.[35] Das Epigramm **Auf Lucinden** etwa, wobei schon der Titel einen für die poetische Gattung typischen Namen aufruft, zeigt auf ein Frauenzimmer wie eine Inschrift auf einen Gegenstand. Der Zeige-Gestus schafft einen szenischen Raum mit Sprecher, Zuschauern/Hörern und der ›beschriebenen‹ Lucinde. Die »muntere Lucinde« wird als bekannt vorausgesetzt und nicht ohne Sympathie vorgestellt. Indem die folgenden Verse das »Welt-haben« und die »Munterkeit« inhaltlich verdeutlichen, wird das Bild zumindest ambivalent: Lucinde ist eine schamlose, durch keine Unanständigkeit zu berührende Person. Der Sprecher wendet sich in den Schlußversen der weiblichen Person selbst zu, wodurch der szenische Charakter des Gedichts noch verstärkt wird. Es mag so scheinen, als sei der Appell an Lucinde, wenigstens über die eigene Schamlosigkeit Scham zu empfinden und immerhin darüber zu erröten, daß nichts sonst sie erröten macht, die Pointe dieses Epigramms. Doch indem Lessing die Leser so lebendig in die Szene einbezogen hat, bleibt ein »Rest«: Wem winkt die

35 Barner (Anm. 34), S. 364.

Schamlose so freundlich zu? Wen lacht sie an? Es müssen doch wir als die Leser sein, die wir den voyeuristisch-anfeuernden Milieuraum bilden, in dem Lucinde sich bewegt und schamlos geworden ist. Es waren die angesprochenen Leser, die all das *ausgesprochen* haben, was Lucinde beim *Zuhören* hätte erröten machen sollen. Wem also gilt die moralische Ermahnung? Das kreative Überraschungselement wirkt hier deutlich über den Schluß des Epigramms hinaus und regt (diesmal selbstkritisches) Denken an.[36]

Dieselbe Tendenz der Leser-Verblüffung begegnet in Lessings **»Klopstock«-Epigramm**. Scheinbar bedauert er Klopstock, den hochgelobten, aber wenig gelesenen Dichter, und erbittet für ihn und sich selbst weniger Lob, aber mehr Leser. Doch hinter dem Ton des Bedauerns für Klopstock verbirgt sich die Kritik an Klopstock, und der Kritiker will von seinen eigenen Lesern »fleißiger gelesen sein« und nicht nur oberflächlich verstanden werden: Es geht in Wirklichkeit nicht um ein etwas anderes Leseverhalten, sondern – der »fleißigere« Lessing-Leser wird es erkennen – um zwei Arten von Literatur. So wie Martial in der entsprechenden Epigramm-›Vorlage‹ seine knappen, pointierten Verse gegen die langatmigen Epen der Homer-Nachfolger verteidigt hat, so spottet der junge Epigrammatiker Lessing über den Dichter des hohen Tons und der pathetischen Epen, über Klopstock. »Mag man bei Klopstock feierlich gähnen, bei mir, läßt Lessing, in geheimem Verweis auf zwei Martial-Verse, seine Epigramme sagen – bei mir, Leser, kommt ihr auf eure Kosten. Und das Lob schenke ich euch. Und den großen Klopstock dazu.«[37]

Es ging dem jungen Lessing darum, auch für die Gattung

36 Vieles in Anlehnung an die Preisendanz-Interpretation formuliert; vgl. Wolfgang Preisendanz, »Die ästhetische Funktion des Epigrammatischen in Lessings Sinngedicht«, in: *Gedichte und Interpretationen*, Bd. 2: Aufklärung und Sturm und Drang, hrsg. von Karl Richter, Stuttgart 1983 (Reclams Universal-Bibliothek, 7891).

37 Walter Jens, *In Sachen Lessing*, Stuttgart 1983 (Reclams Universal-Bibliothek, 7931), S. 159.

des epigrammatischen Gedichts sagen zu können, er habe »sie soweit ausgeübet, als es nötig ist, um mitsprechen zu können«. Vornehmster Übungsgegenstand war dabei der römische Epigrammatiker Martial, wobei Lessing den Versuch nicht scheute, auch ihn noch zu verbessern. An einem Beispiel ist dies zu zeigen, wobei gleichzeitig die häufige Reduktion des Epigramms auf einen einzigen »springenden Punkt« verdeutlicht wird. Lessing hat ein etwas grobes Epigramm Martials bearbeitet und umgeformt. Bei Martial heißt es: »Deinen Mund und die Lippen beküßt, Mammeia, dein Hündchen. / Deshalb wundr ich mich nicht, fressen die Hunde gern Kot.« Walter Jens stellt dazu fest: »Eher Knüppel als Florett – zudem nicht so recht in der Balance zwischen anatomischer Eindeutigkeit und Metaphorik.«[38] Lessing veränderte die Vorlage und spielt mit dem Perspektivenwechsel, wodurch das Epigramm eleganter und zugleich offener wird: dem Leser wird abverlangt, sich den »Aufschluß« selbst zu formulieren, wobei freilich die Pointe recht eindeutig und bloßstellend ist: »Dein Hündchen, Dorilis, ist zärtlich, tändelnd, rein: / Daß du es also leckst, soll mich das wundern? nein! / Allein dein Hündchen lecket dich: / und dieses wundert mich« (GW 1,147). Der junge Autor Lessing nutzte natürlich auch die der epigrammatischen Gattung zugestandene relative Freiheit (licentia) in bezug auf Hofkritik und politischen Spott. **Auf ein Karussell** bezieht sich auf den Maskenumzug, den Friedrich II. am 25. August 1750 zu Ehren seiner Schwester, der Markgräfin von Bayreuth, veranstaltet hatte. Voltaire war seit diesem Sommer in Berlin, und Lessing hatte ihn von ferne bei diesem Fest vor dem Schloß gesehen. Sich von dem französischen ›Kollegen‹ abgrenzend, macht Lessing deutlich, wie distanziert er dem höfischen Leben gegenübersteht, indem er sein auf dieses Hoffest bezogenes Epigramm mit ironischen Zweideutigkeiten durchsetzt; poin-

38 Jens (Anm.37), S. 42.

tiert spricht er seine Enttäuschung über das Königsspektakel und das vergeudete Eintrittsgeld in den Schlußversen aus: »Was war nicht prächtig, groß und königlich? / Kurz dir die Wahrheit zu gestehen, / Mein halber Taler dauert mich« (GW 1,171).

Für das gesamte lyrische Werk Lessings gilt: es dient der Übung, dem Spiel, der Auseinandersetzung mit der Tradition. Anakreontika und Epigramme sind Stilübungen gegen den pathetischen Ernst, Vorbereitungen auf geschliffene dialogische Szenen, Studien zur Wirkung von dramatischen Pointen und zur Enttäuschung von Lesererwartungen. Nicht verbissener aufklärerisch-pädagogischer Ernst beherrscht das Feld, obwohl Lessing in seiner die poetische Praxis begleitenden Gelehrsamkeit tatsächlich wie ein »Alexandriner im 18. Jahrhundert« (Walter Jens) verstanden werden kann. Vielmehr geschieht die Aneignung der Tradition und dies Ausprobieren des eigenen Tons bei Lessing spielerisch, gelöst und natürlich auch mit Blick auf die geeigneten Publikationsmöglichkeiten. Dem »Witz« des jungen Lessing, also dem »Esprit« gemäß dem Sprachverständnis seiner Zeit, fehlt durchaus nicht der Witz im heutigen Sinne des Wortes, was ein hübsches, unveröffentlicht gebliebenes Epigramm (GW 1,176) zeigt: »GRABINSCHRIFT AUF EINEN GEHENKTEN: Hier ruht er, wenn der Wind nicht weht!«

3. Vers- und Prosafabeln

Veröffentlichung seit 1747 in verschiedenen Zeitschriften; 1753 im 1. Teil der *Schriften* um einige Prosafabeln ergänzt. 1759 Zusammenstellung der Prosafabeln in *Gotthold Ephraim Lessings Fabeln. Drei Bücher. Nebst Abhandlungen mit dieser Dichtungsart verwandten Inhalts.*

In der frühen Aufklärungszeit wurde Literatur vor allem nach ihrem nutzenbringenden und didaktischen Wert eingeschätzt. Das ermöglichte eine Renaissance der Fabeldichtungen, wobei hier unter Fabel »die sogenannte *Äsopische* Fabel« (so schon Lessings Eingrenzung in seiner Abhandlung *Vom Wesen der Fabel*) verstanden wird. Dieser Gattungsname weist auf den phrygischen Sklaven Äsop (6. Jahrhundert v. Chr.) zurück, eine vermutlich fiktive Gestalt. Spätantike Fabelsammlungen waren Lessing bekannt, wobei die Fabeln in ihrer Überlieferung durch die Rhetorenschulen der Antike und die Klosterschulen des Mittelalters gegangen waren. Ende des 17. Jahrhunderts war es vor allem La Fontaine, der die Fabeldichtung neu belebte. Lessing selbst verstand sich durchaus als jemand, der als Fabeldichter in einer vorgeformten literarischen Tradition zu arbeiten hatte. Zwischen 1740 und 1780 wurde die Fabel zur Modegattung in der deutschsprachigen Literatur. Lessings intensive Beschäftigung mit der Fabel, sowohl was die eigenen praktischen Versuche als auch was die Fabeltheorie angeht, hat wohl mit dieser »Marktsituation« zu tun: Der junge Autor Lessing wollte vermutlich am Publikumserfolg der zahlreichen Fabelsammlungen partizipieren.[39]

Schon während seiner Studentenzeit in Leipzig (1746–48) hatte Lessing begonnen, sich theoretisch und praktisch mit der Fabel auseinanderzusetzen und Versfabeln zu publizieren. 1757 studierte er eingehend den Äsop und veröffentlichte danach eine Reihe von Prosafabeln. Auch als Bibliothekar in Wolfenbüttel blieb sein Forschungsinteresse an der Fabel wach, und er veröffentlichte kleine Abhandlungen zur Geschichte der Fabel.

In seiner »Vorrede« zur Fabel-Publikation von 1759 (GW 4,8) bezeichnet Lessing als Gebiet der Fabel den »gemeinschaftlichen Rain der Poesie und der Moral« und bittet den Leser, die Fabeln nicht ohne die Abhandlung zur Fabeltheorie zu beurteilen: »Sollte er auch schon dabei entdekken, daß meine Regeln mit meiner Ausübung nicht allezeit

39 Barner (Anm.19), S. 226.

übereinstimmen: was ist es mehr? Er weiß von selbst, daß das Genie seinen Eigensinn hat; daß es den Regeln selten mit Vorsatz folget; und daß diese seine wollüstigen Auswüchse zwar *beschneiden*, aber nicht *hemmen* wollen« (GW 4,9). Lessing weckt, wie so häufig in seinem Werk, beim Leser eine Art detektivisches Interesse, um ihn so zur eigenen Nachforschung und zum eigenen Urteil anzuregen. So wie es, nach Lessing, bei der einzelnen Fabel auf das »anschauende Erkennen« ankommt, so geht es auch bei der Fabeltheorie um die anschauende Erkenntnis des Lesers, um lebendiges Vergleichen und Abwägen, nicht um präzis-definitorische Festlegungen. Sowohl die Lessingsche Fabel als auch seine Fabeltheorie zählen auf den aktiven Leser, der kritisch gegenzufragen bereit ist, ob die Fabel der Autor-Definition entspricht und ob die Definition offen genug ist, um die konkreten Fabeln zu ›erfassen‹.

Lessing definiert die Fabel am Ende der ersten Fabelabhandlung (GW 4,45), nachdem er sich ausführlich mit früheren Theorien und Definitionen auseinandergesetzt und die »vornehmsten Erklärungen« geprüft hat (so sein Programm, GW 4,14): »Und nunmehr glaube ich meine Meinung von dem Wesen der Fabel genugsam verbreitet zu haben. Ich fasse daher alles zusammen und sage: *Wenn wir einen allgemeinen moralischen Satz auf einen besonderen Fall zurückführen, diesem besondern Falle die Wirklichkeit erteilen, und eine Geschichte daraus dichten, in welcher man den allgemeinen Satz anschauend erkennt: so heißt diese Erdichtung eine Fabel.*«

Die Fabelabhandlungen eröffnen Lessings großangelegten Versuch, ästhetische Grundbegriffe zu klären und die Künste gegeneinander abzugrenzen.[40] Hier ist das Verhältnis zwischen Philosophie und Poesie zu klären, zwischen Lehrsatz-Wahrheit und narrativer Wirklichkeit. Lessing diskutiert das Verhältnis unter wirkungsästhetischen Gesichts-

40 Barner (Anm. 19), S. 228.

punkten. Da das Allgemeine nur im Besonderen existiere, sei es der Anschauung nur im Besonderen zugänglich. Da die anschauende Erkenntnis möglichst lebhaft und überzeugend sein solle, um auf den Willen des Menschen zu wirken, müsse die Fabel von einem individuellen *und* wirklichen Fall sprechen, denn ein *möglicher* Fall lasse zu vieles im Vagen. Die Fabel zielt aber als Lehrdichtung auf konkrete moralisch-philosophische Erkenntnisfrüchte. Ihr habe es darum zu gehen, einem »allgemeinen symbolischen Schlusse [...] alle die Klarheit zu geben, deren er fähig ist« (GW 4,42). Sie ist nicht etwa nur Illustrierung oder Verkleidung einer philosophischen Wahrheit. Die Fabel *ist* die Lehre selbst, nun allerdings nicht als abstrakter Satz, sondern »der *anschauenden Erkenntnis* fähig gemacht« (GW 4,29). Diese Erkenntnis zielt auf das menschliche Handeln und seine Veränderung: in der Fabel kooperieren Philosophie und Poesie unter dem Aspekt der moralischen Aufklärung des Publikums. »Die Fabel hat unsere klare und lebendige Erkenntnis eines moralischen Satzes zur Absicht« (GW 4,55). Diesem Zweck dient auch der ›Gebrauch‹ der Tiere in der Fabel, indem durch die Typisierung und Verfremdung gleichsam Modellsituationen geschaffen werden können, in denen zwischenmenschliche Emotionen zunächst einmal ausgeschaltet und als Störfaktoren für den Lernprozeß eliminiert sind.

Indem Lessing von vornherein klarstellt, daß seine eigenen Fabeln zu seiner Fabeltheorie in Spannung stehen können, betont er das Spielerische und Offene der poetischen Praxis gegenüber den theoretischen Festlegungen. Auch ist deutlich, daß Fabeln nach Lessings Anschauung nicht gegenüber den allgemeinen moralischen Sätzen sekundär und abgeleitet, sondern sui generis sind: anders als *in* der Fabel kann die Wahrheit der Fabel, die auf das Handeln zielt, nicht ausgedrückt werden. Darum kann der Umgang mit der Fabel kreativ und spielerisch sein: Lessing schlägt für die Schule vor, daß der Lehrer seine Schüler die Fabeln umschreiben und so grundlegend verändern läßt, »daß sich eine andere

Moral darin erkennen läßt« (GW 4,84). Gerade weil die Fabel für Lessing der anschauenden Erkenntnis im Bereich der philosophischen Ethik dient und daher kein »Kinderspiel« ist, bei dem etwas »auszuputzen« und mit »Zieraten« zu versehen ist (GW 4,73 f.), hat sie in sich selbst genug Wirklichkeit und Anschaulichkeit, um »heuristischen Nutzen« (GW 4,81) bringen zu können, wenn man mit ihrer Form und ihren Inhalten spielt.

Lessings Fabeln legen Wert auf Prägnanz und Kürze. Gerade dies macht sie aber offen für verschiedene Interpretationen. Denkbar wäre es, die Fabel **Der Besitzer des Bogens** als eine Fabel auf die Fabel zu lesen: Da den Bogenbesitzer die Funktionalität und Schlichtheit seines Jagdgeräts nicht mehr zufriedenstellt und da er einen Künstler Jagdbilder in den Bogen schnitzen läßt, ruiniert er Kunstwerk *und* Werkzeug: »er spannt, und der Bogen – zerbricht« (GW 1,287).

Lessing hat seine Fabeln während des Siebenjährigen Krieges veröffentlicht. Häufig ist der Pfeil seiner Fabeln auf soziale oder politische Mißstände gerichtet: Deutlicher und schärfer als in der frühen Versfabel **Der Tanzbär** kann der Opportunismus der Höflingstypen kaum benannt werden; die Fabel von der **Wasserschlange** deckt die Brutalität einer absolut-königlichen Gewalt auf und ist in bezug auf die Untertanen, also die Frösche, gar nicht so eindeutig-bestimmt, wie es der Theoretiker Lessing für die Fabel zu fordern scheint: Werden die Frösche wegen ihrer Dummheit, einen solchen aktiven König gewollt zu haben, gescholten? Werden sie als aufmüpfig gezeigt, indem sie den König anklagen? Ist der besonders mutige, Widerstand offen formulierende Frosch tatsächlich mutig und vorbildlich oder dummdreist und warnendes Beispiel? Die Prägnanz der Lessingschen Fassung, seine Verkürzungen gegenüber den themenähnlichen Äsop- und Phädrus-Fabeln öffnen also die Fabel zum Leser hin und dienen dem Zweck der anschauenden Erkenntnis ebenso wie der Erziehung von »selbstdenkenden Köpfen« (GW 4,81).

4. Theoretische Schriften

17. Literaturbrief. Essay zu literaturtheoretischen Fragen, erschienen am 16. Februar 1759.

Ende des Jahres 1758 war zwischen den Berliner Freunden Friedrich Nicolai, Moses Mendelssohn und Lessing der Plan gereift, gemeinsam eine literaturkritische Wochenzeitung herauszugeben. Die erste Ausgabe der *Briefe, die neueste Literatur betreffend* erschien am 4. Januar 1759. Für die Artikel war die Form fiktiver »offener Briefe« gewählt worden, eine Gattung, die den Autoren größtmögliche Freiheit bieten konnte: »Der in der Aufklärung so gern gepflegte Brief ist *die* unsystematische Gattung schlechthin [...], es ist – formal – alles erlaubt.«[41] Es wurde von den Verfassern behauptet, der ›eigentliche‹ Adressat sei ein verwundeter und literaturbeflissener Offizier.[42]
Lessing war zunächst die treibende Kraft dieses Projekts, ehe er 1760 durch seine plötzliche Übersiedlung nach Breslau und seine Teilnahme am Siebenjährigen Krieg aus der gemeinsamen Arbeit ausschied. 1765, nach der Rückkehr nach Berlin, verfaßte er noch einen abschließenden Artikel für die *Literaturbriefe*. Daß Lessing in der Anfangsphase dieses Zeitschriftenprojekts die dominierende Kraft gewesen war, wurde dem zeitgenössischen Publikum erst 1782, durch Veröffentlichungen nach seinem Tode, deutlich.

41 Peter Michelsen, »Der Kritiker des Details. Lessing in den ›Briefen die Neueste Litteratur betreffend‹«, in: P. M., *Der unruhige Bürger. Studien zu Lessing und zur Literatur des achtzehnten Jahrhunderts*, Würzburg 1990, S. 72.

42 Anders als in der Reclam-Ausgabe, hrsg. von Wolfgang Bender, Stuttgart 1972 (Reclams Universal-Bibliothek, 9339), behauptet (S. 400), kann damit wohl nicht Ewald von Kleist gemeint sein, denn dieser wurde erst im August 1759 bei Kunersdorf verwundet, während der fiktive »Offizier« schon in der »Einleitung« am 4. Januar 1759 erwähnt wird. Lessing kannte den dichtenden preußischen Offizier Ewald Christian von Kleist seit dem Sommer 1755; vielleicht war er eine Art ›Pate‹ für die fiktive Figur.

Unter den »Literaturbriefen« sticht der 17. Brief (am Anfang der 7. Ausgabe vom 16. Februar 1759) besonders hervor, weil er die kritische Abkehr von dem Leipziger Literaturprofessor Johann Christoph Gottsched markant formuliert.

Mehrfach in seinem Leben hat sich Lessing durch polemische Streifzüge den Weg zur eigenen Position gebahnt. Gegen Samuel Gotthold Lange, den Pastor aus Laublingen, hatte er um Probleme der Horaz-Übersetzung gestritten. Der Hallenser Professor Christian Adolf Klotz wurde durch *Briefe antiquarischen Inhalts* angegriffen und unbarmherzig kritisiert. In diesem Fall ging es Lessing auch darum, für die Berliner »Dreierseilschaft«[43], die er zusammen mit Nicolai und Mendelssohn bildete, einen akademisch arrivierten und publizistisch geschickten Gegenspieler auszuschalten. Später ließ sich der Hamburger Hauptpastor Johann Melchior Goeze von Lessing zum sogenannten Fragmentenstreit provozieren und wurde in den *Anti-Goeze-Schriften* attackiert. Goeze war Repräsentant der lutherischen Orthodoxie, und Lessings Angriffe gegen ihn sind durchaus auch als verspätete Abgrenzungen gegen den Vater, den orthodoxen Pastor in Kamenz, zu verstehen.

Einem Angriff auf väterliche Autorität, ja einem Vatermord ähnelt auch schon der *17. Literaturbrief*: Der Verfasser der *Critischen Dichtkunst*, die für das Theater, die Literaturkritik und die literarische Aufklärungsbewegung normativ wirkende Gestalt Gottscheds, der Leipziger Lehrer der »jungen Aufklärer« wird herausgefordert. »Gottsched war [...] der erste, der mit Geschick, Weitsicht und mitunter wenig zimperlicher Durchsetzungskraft demonstriert hatte, was alles mit Hilfe von akademischen Sozietäten, mit Schülern auf Universitätsstellen und Gymnasialrektorenposten,

43 Wilfried Barner, »Autorität und Anmaßung. Über Lessings polemische Strategien, vornehmlich im antiquarischen Streit«, in: *Streitkultur. Strategien des Überzeugens im Werk Lessings*, hrsg. von Wolfram Mauser und Günter Saße, Tübingen 1993, S. 29.

Moses Mendelssohn. Stich von August Weger nach einem Gemälde von Johann Christoph Frisch

was mit dem Schultheater, mit Lehrbüchern, Kompendien und Textsammlungen und nicht zuletzt mit Zeitschriften an Literaturpolitik durchgesetzt werden konnte«.[44] Lessings Angriff auf diese »Instanz« Gottsched sollte auch dazu dienen, dem eigenen publizistischen Einfluß größeren Spielraum zu verschaffen. Es ging den jungen Berlinern, mit Lessing an der Spitze, darum, ihr eigenes Kritikorgan, nämlich die *Briefe, die neueste Literatur betreffend* zu etablieren, dabei an Gottscheds Stelle zu treten und den Hallenser Konkurrenten um dies »Erbe«, den Professor Klotz und seinen Kreis, aus dem Feld zu schlagen.

Lessing stilisiert sich als ein »Niemand«-David, der gegen den Goliath Gottsched aufzustehen wagt. Solche Übertreibungen – denn Gottscheds Autorität war längst nicht mehr unumstritten, was Lessing im *6. Literaturbrief* selbst verdeutlicht – durchziehen den Brief und geben ihm einen fanfarenhaft-polemischen Ton. Gottscheds Verdienste sollen nicht abgewogen eingeschätzt werden. Vielmehr geht es darum, ihn als kritische Instanz und als Vorbild zu vernichten. »Lessing warf nur den letzten Stein: und der war tödlich. Daß seine mit ungehemmter Dreistigkeit vorgetragene Behauptung eine grobe Verfälschung des historischen Sachverhalts darstellt, ist offenkundig.«[45] Obwohl der *Brief*-Verfasser zugibt, daß der Zustand der dramatischen Poesie »sehr elend« gewesen und Gottsched darum bemüht gewesen sei, Abhilfe zu schaffen und Regeln und Muster zu entwickeln, bestreitet er ihm jede positive Wirkung: Andere seien früher als Gottsched zur Stelle gewesen, und Gottscheds »Verbesserungen« beträfen nur »entbehrliche Kleinigkeiten« oder seien »wahre Verschlimmerungen«.

Vier Stichworte bestimmen den *17. Literaturbrief* und charakterisieren das Anti-Gottsched-Programm: Shakespeare, Genie, die alten Griechen, der Faust-Stoff. Recht grobschlächtig arbeitet Lessing mit »Nationalcharakteristika«, um den Einengungen und Regeln, die Gottsched aus seiner

44 Barner (Anm. 43), S. 29.
45 Michelsen (Anm. 41), S. 75.

Rezeption des französischen klassischen Dramas abgeleitet hatte, zu entkommen. Das »französisierende Theater« sei »der deutschen Denkungsart« nicht angemessen. Dabei führt Lessing Wirkungspostulate ins Feld, die er gegen die Gottschedschen Regelfestsetzungen richtet: »das Große, das Schreckliche, das Melancholische« wirke aufs deutsche Publikum besser »als das Artige, das Zärtliche, das Verliebte«. Das englische Drama, insonderheit das Drama Shakespeares, habe »Gewalt über unsere Leidenschaften« und entspreche so der Dramenpraxis des Sophokles und dem Muster der attischen Tragödie. Um dieser Wirkungen willen plädiert Lessing für die naturgemäße Freiheit des Genies und gegen die Kunst-Regeln. Mit sicherem Gespür verweist er auf den Faust-Stoff, um die Verwandtschaft von deutschem und englischem »Geschmack« zu belegen. Tatsächlich war ja der deutsche Volksbuch-Stoff des Faust in England durch Christopher Marlowe dramatisiert worden und als Puppenspiel wieder nach Deutschland zurückgekommen. Der anonym bleibende *Brief*-Autor Lessing, der als »Fll.« unterzeichnete und damit wohl auf seine polemische Fähigkeit zu geißeln (»flagello« – ich geißle) anspielt, rückt nun eine dramatische Szene in seinen *Literaturbrief* ein und behauptet, sie von einem Freund zu haben. Es handelt sich um einen der dramatischen Entwürfe, die Lessing selbst dem Faust-Stoff gewidmet hat. Faust wählt unter den ihm zu Diensten stehenden Geistern der Hölle den schnellsten Teufel aus; erst der siebte Teufel kann ihn zufriedenstellen, und seine Wahl charakterisiert Faust als eine Person, die das eigene Tun kritisch reflektiert und dabei am freien Willen des Menschen zu zweifeln gelernt hat: »Ha! du bist mein Teufel! So schnell als der Übergang vom Guten zum Bösen! – Ja, der ist schnell; schneller ist nichts als der! [. . .] Ich habe es erfahren, wie schnell er ist!« Der *Literaturbrief*-Autor wendet sich an seinen Leser: »Was sagen Sie zu dieser Szene? Sie wünschen ein deutsches Stück, das lauter solche Szenen hätte? Ich auch!« Damit schließt dieser *Brief*.

Trotz der vielfachen brieflichen und mündlichen Bekundungen, sich an einem solchen *Faust*-Drama zu versuchen, ist Lessing mit diesem *Faust*-Projekt nicht fertig geworden. Es ist wohl nur ein Gerücht, daß ein weit ausgearbeitetes *Faust*-Drama in jener Kiste gewesen sei, die Lessing im Frühjahr 1775 aus Dresden über Leipzig nach Braunschweig geschickt hat und die verlorengegangen ist. Ein jüngerer Schriftsteller, der sich in seinem Straßburger Freundeskreis durchaus im Stile des *Literaturbrief*-Lessing zum Genie, zur Natur und zu Shakespeare bekannte, konnte wenig später ein Drama zum Faust-Thema in der Urfassung fertigstellen: Johann Wolfgang Goethe. Vom *17. Literaturbrief* aus gesehen ist der Weg vom »Aufklärer« Lessing zu den Schriftstellern des »Sturm und Drang« nicht allzu weit.

Am *17. Literaturbrief* wie auch an anderen polemischen Schriften Lessings ist abzulesen, daß er die unsystematische, offene Denk- und Schreibbewegung jeder festen Programmatik vorzog; »daß er in Theorie und Kritik die zwanglosen Formen liebte – den Brief vor allem (aber auch im *Laokoon* vergleicht er sich mit einem Spaziergänger) –, ist kein Zufall: er ist voller Widersprüche [. . .]. Ausdruck dieser Widersprüchlichkeit ist die Polemik.«[46] Lessings *Briefe* sind in dieser Hinsicht »das erste deutsche Beispiel einer schlagfertig witzigen, lebendigen Kritik«[47].

Lessing selbst kommt fast zehn Jahre später in seiner *Hamburgischen Dramaturgie* auf die inhaltlichen Stichworte »Genie«, »Shakespeare«, »Natur und Regel« und auf die wirkungsästhetischen Überlegungen differenzierter zurück. Für seinen Angriff auf das »französisierende Theater« holt er sich zunächst einmal französische Unterstützung bei Denis Diderot, den er 1760 übersetzt.[48]

46 Michelsen (Anm. 41), S. 102.
47 Michelsen (Anm. 41), S. 73.
48 *Das Theater des Herrn Diderot*. Aus dem Frz. übers. von Gotthold Ephraim Lessing. Mit Anm. und Nachw. hrsg. von Klaus-Detlev Müller, Stuttgart 1986 (Reclams Universal-Bibliothek, 8283).

Laokoon oder Über die Grenzen der Malerei und Poesie. Kunsttheoretischer Essay, 1766 erschienen.

Ende des Jahres 1756 wurde Lessing von Moses Mendelssohn darauf aufmerksam gemacht, daß Johann Joachim Winckelmann eine Schrift *Gedanken über die Nachahmung der griechischen Werke* veröffentlicht habe. Mendelssohn wies Lessing im Rahmen ihres Briefwechsels über das Trauerspiel und die Funktion des Mitleids darauf hin, daß nach Winckelmanns Darstellung in der als Marmorplastik in Rom ausgegrabenen Laokoon-Gruppe der Schmerz gewissermaßen besiegt sei. Und Mendelssohn scheint der Winckelmannschen Wertung zuzustimmen, daß »das bloße mitleidige Gefühl einem mit Bewunderung und Ehrfurcht untermengten Mitleiden nachzusetzen ist«[49]. Winckelmann war von der »edeln Einfalt und stillen Größe« der Griechen ausgegangen und hatte daraus die Schlußfolgerung gezogen, der Künstler habe den Schmerzensschrei des Laokoon wohl deshalb zurückgenommen, weil er ihm mit solcher »Größe« nicht vereinbar erschien.

Hier setzt Lessing an und widerspricht vehement. Es klingt wie ein sofortiges Weiterdiskutieren mit Mendelssohn über die Funktion des Mitleids und der Betroffenheit über den Schmerz eines anderen. Lessings *Laokoon*-Schrift stammt allerdings im ersten Entwurf aus dem Jahr 1762 und ist erst 1766, nach der Rückkehr aus dem Siebenjährigen Krieg und dem Ende der Breslauer Zeit, publiziert worden. Lessing hatte inzwischen Winckelmanns umfassendere Arbeit zur *Geschichte der Kunst des Altertums*, die Ende 1763 erschienen war, gelesen und dabei bemerken müssen, daß er Winckelmann in seinen Hauptthesen und in seiner Analyse nicht ganz gerecht geworden war. Doch Lessing bequemte sich zu keiner differenzierenden Umarbeitung seiner *Laokoon*-Schrift, sondern stellte es so dar, als sei ihm Winckel-

49 Jochen Schulte-Sasse (Hrsg.), *Lessing, Mendelssohn, Nicolai. Briefwechsel über das Trauerspiel*, München 1972, S. 73.

manns Hauptwerk erst später zu Gesicht gekommen. Daß ein Gedanke in Bewegung gesetzt war, daß dieser Gedanke sich für kunsttheoretische Überlegungen als fruchtbar erwiesen hatte, war das für Lessing offenbar Wichtigere. Dem Kontrahenten »gerecht zu werden«, zählte demgegenüber nicht so viel.

Auf anschauliche Weise macht Lessing in seiner *Laokoon*-Schrift deutlich, daß zur »Größe« und zum Heroismus der Griechen durchaus auch die expressive Schmerzäußerung gehört. Philoktet, so wie ihn Sophokles in seiner Tragödie zeigt, schreit und klagt lauthals. Homer läßt seine verwundeten Krieger häufig mit Geschrei zu Boden fallen. Selbst der Kriegsgott schreit in der *Ilias* laut auf. Lessing stellt diesen griechischen Äußerungen die Verbissenheit eines nordisch-germanischen Heroismus und den gezügelten »Anstand« der gegenwärtigen »feinern Europäer« gegenüber: da sind Geschrei und Tränen verboten. »Alle Schmerzen verbeißen, dem Streiche des Todes mit unverwandtem Auge entgegen sehen, unter den Bissen der Nattern lachend sterben, weder seine Sünde noch den Verlust seines liebsten Freundes beweinen, sind Züge des alten nordischen Heldenmuts [...]. Nicht so der Grieche!« (GW 5,16). Nach Lessing ist es gerade diese Schmerzensäußerung, die bei der Lektüre oder beim Zuhören oder Zuschauen Wirkung erziele und Mitleid errege. Denn »Alles Stoische ist untheatralisch« (GW 5,18). Sieht man jemanden, wie es Mendelssohn mit Verweis auf Winckelmanns Deutung der griechischen Kunst glaubte bevorzugen zu sollen, »sein Elend mit großer Seele ertragen, so wird diese große Seele zwar unsere Bewunderung erwecken, aber die Bewunderung ist ein kalter Affekt« (GW 5,18). Lessing stellt also Schmerzäußerung gegen unerschütterliche Standhaftigkeit, Menschlichkeit gegen Heroismus, Mitleiden gegen Bewunderung, und er tut das mit Blickrichtung auf das Theater und die dort erwünschten Wirkungen. Dies ist deutlich eines von Lessings

Laokoon-Gruppe, Vatikan

»Lebensthemen«[50], und diese Überlegungen bestimmten sowohl seine weiteren theoretischen Arbeiten (z. B. die *Hamburgische Dramaturgie*) wie auch seine Dramenpraxis (*Philotas* als deutliche dramatische Arbeit gegen den Heroismus;[51] Minnas Kritik an Tellheim wegen seines heroisch-selbstquälerischen Stolzes; Nathan als schmerzerschütterte Gestalt).

Erst in einem zweiten Gedankenschritt kommt Lessings *Laokoon*-Abhandlung zur antiken Laokoon-Plastik zurück: Wenn in der Plastik der Schmerz zurückgenommen, wenn Laokoons Mund nicht zum Schrei geöffnet ist, dann liegt es nicht am »Griechentum«, das solche Zurückhaltung verlange, sondern an der Art der Darstellung durch eine Plastik. Lessing übernimmt für seine Argumentation eine eingeengte Definition der bildenden Künste: bei den Alten sei die Schönheit ihr höchstes Gesetz gewesen (GW 5,22), und so erzwinge die bildende Kunst die Verhüllung des Häßlichen und des Jammers. Deshalb sei der äußerste körperliche Schmerz »auf einen niedrigern Grad von Gefühl« (GW 5,26) herabgesetzt worden. In »den neuern Zeiten« (GW 5,27) habe sich das Feld der bildenden Kunst zwar ausgeweitet, doch bleibe es für alle Kunst wesentlich, daß fruchtbar nur sein könne, was der Einbildungskraft freies Spiel lasse. Lessing geht also vom Rezipienten aus, dessen Empfinden bzw. Reagieren konstitutiv für das Kunstwerk sei. Ein dauer-schreiender Laokoon, meint Lessing, lasse dem Betrachter keine eigene Phantasie mehr und sei deshalb unfruchtbar und ästhetisch abzulehnen. Malerei und Plastik seien ans Körperliche, ans Räumliche gebunden. Genau umgekehrt verhalte es sich beim erzählenden Dichter: er beziehe sich auf Handlungen, auf Abläufe in der Zeit, auf Konsekutives. Weil bei ihm der Schrei nicht erstarre, könne er den Laokoon schreien lassen. Erst der Leser muß sich

50 Barner (Anm. 19), S. 240.

51 Wilfried Barner, *Produktive Rezeption. Lessing und die Tragödien Senecas*, München 1973, S. 53 ff.

diesen Schrei als realen Schrei imaginieren. Aber, so fragt Lessing, wie steht es dann mit dem dramatischen Dichter? Muß er nicht ganz zurückhaltend sein, da das Drama ja »für die lebendige Malerei des Schauspielers bestimmt ist« (GW 5,32)? Sosehr manches dafür spricht und theoretisch zwingend zu sein scheint: Sophokles hat es mit seinem *Philoktet* anders gezeigt und damit nachgewiesen, daß extremer Schmerz auf der Bühne darstellbar ist, so daß die Zuschauer erschüttert und nicht wie in römischen Arenen und Amphitheatern zur Abstumpfung erzogen werden.

Aus diesem konkreten Vergleich der Kunstgattungen leitet Lessing nun ab, daß die Poesie die geistigere und weitere Kunst sei und daß ihr das Primat gegenüber der bildenden Kunst zukomme. Kriterium ist dabei die Einbildungskraft der Rezipierenden: diese sei bei der Poesie am wenigsten festgelegt und am meisten gefordert. Lessing legt dabei die bildende Kunst auf eine Art naturalistischer Abbilddarstellung fest und engt sie damit unzulässig ein; in bezug auf das Drama aber vermeidet er jede engführende Definition und kann so zu der Schlußfolgerung gelangen, daß die Poesie insgesamt die gleichsam freiere Kunst sei. Nicht so sehr das Ergebnis des Vergleichs überzeugt also, als vielmehr das Kriterium, wonach die Künste beurteilt werden: Lessing argumentiert von der Wirkung aus, die das jeweilige Kunstwerk auf die Einbildungskraft des Publikums hat. »Indem er, von der Wirkung her, die Einbildungskraft des Rezipienten zur entscheidenden Instanz der Analyse und der theoretischen Abgrenzung macht, setzt er den Rezipienten gewissermaßen in eine neue Würde ein.«[52] In seinen Hauptpassagen ist der *Laokoon* Lessings eine Reflexion auf die gestalterischen und wirkungsästhetischen Möglichkeiten der Poesie, gerade wenn sie sich dem Häßlichen, ja sogar dem Ekelerregenden zuwendet und dabei Mitempfinden und Mitleid zu wecken versteht. So arbeitete Lessing mit dieser

52 Barner (Anm. 19), S. 246.

Schrift aus dem zeitlichen Kontext des Siebenjährigen Kriegs auf die *Hamburgische Dramaturgie* und die eigenen großen Dramen zu.

Hamburgische Dramaturgie. Literaturtheoretische Essays, erschienen vom 8. Mai 1767 bis 19. April 1769.

»Ich hoffe, es soll mir nicht schwer fallen, Berlin zu vergessen. [. . .] Was hatte ich auf der verzweifelten Galeere zu suchen? – Fragen Sie mich nicht: auf was ich nach Hamburg gehe? Eigentlich auf nichts.« So schrieb Lessing im Februar 1767 an Gleim, und er fügte hinzu, daß ihm die Hamburger Gegebenheiten »die fast erloschene Liebe zum Theater wieder [. . .] zu entzünden« möglich machten. In Hamburg, in einem großen Theater mit dem stolzen und programmatischen Namen »Deutsches Nationaltheater«, sollten Lessings Stücke aufgeführt werden. Lessing hatte in Kooperation mit Johann Bode einen eigenen Verlag samt Druckerei gegründet; hier sollten seine Aufsätze erscheinen, die er als »Haus-Dramaturg« und festangestellter Kritiker des Theaters in Begleitung des Spielplans zu schreiben vorhatte.
Doch schnell tauchten Schwierigkeiten auf: Das Projekt eines »Nationaltheaters« in Hamburg stand auf ökonomisch wackligen Beinen und mußte schon zur Jahreswende 1767/1768 eingestellt werden. Die Schauspieler der allzu großen Theatertruppe standen sich in mißgünstiger Konkurrenz gegenüber und ließen sich negative Äußerungen von seiten des Hauskritikers nicht gefallen. Schon mit dem 25. Stück der *Dramaturgie* gab Lessing die Darstellerbeurteilung ganz auf. Im Sommer 1767 unterbrach er die Publikation im eigenen Verlag, um sich gegen die illegale Konkurrenz zweier Nachdrucker zu wehren. Im Herbst 1768 ist Lessing schließlich froh, sich von der dahinkümmernden Druckerei trennen zu können. Im März 1769 gehörte der Traum vom Nationaltheater in Hamburg schon der Vergangenheit an, und im April 1769 erschienen die letzten Beiträge, die

Stücke 83–104, im zweiten Band der *Hamburgischen Dramaturgie*. Vom Ökonomischen her war diese Hamburger Periode eine große Pleite. Und Lessing, der voller Schwung im April 1767 die Eröffnung des Hamburger Nationaltheaters und den Beginn der *Dramaturgie* angekündigt hatte, schloß die Arbeit an der *Dramaturgie* mit dem Resümee: »Der süße Traum, ein Nationaltheater hier in Hamburg zu gründen, ist schon wieder verschwunden: und so viel ich diesen Ort nun habe kennen lernen, dürfte er auch wohl gerade der sein, wo ein solcher Traum am spätesten in Erfüllung gehen wird« (im 101.–104., also abschließenden »Stück« der *Dramaturgie*, mit der fingierten Datierung vom 19. April 1768).

Trotz oder wohl auch gerade wegen dieser Widrigkeiten hat Lessing die Arbeit an der *Hamburgischen Dramaturgie* zu grundsätzlichen Klärungen seiner theatertheoretischen Ansichten benützt. Wie sich die Kunst zur Natur zu verhalten habe, wie die Schauspielkunst sich zu Malerei und Poesie verhalte, worin das Wesen von Komödie und Tragödie bestehe, in welchem Verhältnis Genie und Regel sich befänden, vor allem aber: wie das Theater auf das Publikum wirken solle und wirken könne – diesen Fragen wandte Lessing sich zu, als seine aktuelle Theaterkritik nicht mehr gefragt war. Das Erscheinen seiner *Dramaturgie* in »Stükken« ermöglichte ihm eine unsystematische und offene Darstellungsform für die Abhandlung der theoretischen Fragen, so daß das Lesepublikum nicht mit einem fertigen Konzept konfrontiert wurde, sondern tatsächlich Denkanregungen (»Fermenta cognitionis«, wie Lessing im 95. Stück sagt) bekam. Lessing bezog den Leser in die Entstehung des Gedankens selbst mit ein.

Im Gesamten der *Hamburgischen Dramaturgie* erweist sich Lessings produktive Auseinandersetzung mit Aristoteles und seiner *Poetik* als das zentrale Element. Aristoteles verlangt im 6. Kapitel seiner *Poetik* von der Tragödie, »daß mit Hilfe von Mitleid und Furcht eine Reinigung von eben derartigen Affekten bewerkstelligt«[53] werde. Katharsis (Reinigung), Phobos (Furcht, Schrecken) und Eleos (Mitleid, Jammer) sind die drei zentralen Begriffe, um die es auch Lessing im 74.–79. Stück seiner *Dramaturgie* geht. Konkreter Ausgangspunkt für Lessing war das am 22. Juli 1767 im Hamburger Theater aufgeführte Trauerspiel *Richard der Dritte* von Christian Felix Weiße. Lessing nahm an der Gestalt Richards, wie Weiße sie gezeichnet hatte, Anstoß, denn dieser Richard war ein reiner Bösewicht, ein Monster, das Schrekken und nichts als Schrecken verbreitete. Dieses Gräßliche aber führe die Menschen in die Verzweiflung und wecke im Zuschauer ein »Murren wider die Vorsehung«. Zweifellos gebe es so Gräßliches in der Weltgeschichte; zweifellos sei die Wirkung solcher Geschehnisse schrecklich und entmutigend. Und deshalb sollte diesem *absolut* Gräßlichen auf der Bühne kein Raum gegeben werden, um den Menschen »Vertrauen und fröhlichen Mut« nicht ganz zu rauben. Das Werk des Dramatikers (als eines »sterblichen Schöpfers«) solle »ein Schattenriß von dem Ganzen des ewigen Schöpfers sein«, und das Drama solle dem Menschen die Hoffnung erlauben, daß auch das Gräßliche einen »guten Grund in dem ewigen unendlichen Zusammenhange aller Dinge« habe (79. Stück). Da Aristoteles dies auch im Auge gehabt habe, wenn er von den Personen der Tragödie fordere, sie dürften weder ganz gut noch ganz böse sein (Poetik, 13. Kapitel), folgert Lessing, daß Aristoteles gar nicht gemeint haben könne, die Tragödie solle Schrecken erregen, sondern daß sein Phobos-Begriff richtig nur als »Furcht« übersetzt werden dürfe: »Das Wort, welches Aristoteles braucht, heißt Furcht: Mitleid und Furcht sagt er, soll die Tragödie erregen; nicht, Mitleid und Schrecken« (74. Stück). Im Zuge des Nachdenkens darüber, was für eine Furcht Aristoteles denn gemeint habe, bezieht Lessing Phobos und Eleos ganz eng aufeinander: »Seine Furcht ist durchaus nicht die

53 Aristoteles, *Poetik*. Übers., Einl. und Anm. von Olof Gigon, Stuttgart 1961 (Reclams Universal-Bibliothek, 2337), S. 30.

Furcht, welche uns das bevorstehende Übel eines andern, für diesen andern, erweckt, sondern es ist die Furcht, welche aus unserer Ähnlichkeit mit der leidenden Person für uns selbst entspringt; es ist die Furcht, daß die Unglücksfälle, die wir über diese verhängt sehen, uns selbst treffen können; es ist die Furcht, daß wir der bemitleidete Gegenstand selbst werden können. Mit einem Worte: diese Furcht ist das auf uns selbst bezogene Mitleid« (75. Stück). Die Personen auf der Bühne müssen dem Zuschauer ähnlich sein, gemischten Charakters und nachempfindbar in ihrem Handeln, damit der Zuschauer sich in sie hineinversetzen kann und für sie und mit ihnen Furcht empfindet, weil er sich selbst in ähnlicher Lage sieht. Mitleid als Äußerung der Furcht um andere ist keine altruistisch-barmherzige Haltung, sondern sie geht aus von der *eigenen* Betroffenheit: der Zuschauer befürchtet für sich, was er auf der Bühne für andere befürchtet. *Deshalb* ist er zum Mit-Leiden, zum Mit-Empfinden überhaupt erst fähig. Mitleid ist stärker ichbezogen als Philanthropie (76. Stück), und deshalb ist Mitleid wirksamer und tragfähiger. Der auf der Bühne Unglückliche soll »mit uns«, den Zuschauern, »vom gleichen Schrot und Korne« sein. »Aus dieser Gleichheit entstehe die Furcht, daß unser Schicksal gar leicht dem seinigen eben so ähnlich werden könne, als wir ihm zu sein uns selbst fühlten: und diese Furcht sei es, welche das Mitleid gleichsam zur Reife bringe« (75. Stück). Logischerweise versteht Lessing den umstrittenen griechischen Genitiv der Aristoteles-Formulierung (»Reinigung von derartigen Affekten«) als Genitivus objectivus: als Reinigung und Veredelung des Furcht- und Mitleidaffekts. Ein Verständnis als Genitivus separativus hätte dagegen die Übersetzung zur Folge: »Reinigung bzw. Befreiung von Phobos und Eleos« (wohin die Lessing kritisierende Interpretation von Wolfgang Schadewaldt zielt[54]). Furcht und Mitleid sind nach Lessing Gegenstand der Katharsis; auf der Bühne bzw. durch das Bühnen-

54 Wolfgang Schadewaldt, »Furcht und Mitleid?«, in: *Hermes* 83 (1955) S. 129 ff.

geschehen wird die Mitleidsfähigkeit geschult. Denn nach Lessings Auffassung, die er schon im Briefwechsel mit Nicolai und Mendelssohn über das Trauerspiel bekundete, ist der mitleidigste Mensch immer auch der tugendhafteste.
Lessing entwarf dieses moralisch-pädagogische Programm für das Theater, während das Hamburger Theaterprojekt in die Brüche ging. Er malte sich die kathartisch-befreiende Wirkung der Tragödie aus, während die »Entreprise Nationaltheater« begraben werden mußte. Tatsächlich spielte er mit Gedanken, er ließ sich von Aristoteles anregen, entwikkelte theoretische Möglichkeiten vor den Augen des Lesers zu möglichen Konsequenzen weiter, schulte sich durch die Analyse des Verfehlten, um das als richtig Erkannte schärfer ins Auge fassen zu können (70. Stück). Aber er nahm die eigenen theoretischen Aussagen, die bedeutend nachgewirkt haben und noch in Brechts Anti-Lessing-Dramaturgie als paradigmatisch gewertet wurden, selbst nie als feste Regel: Seine Dramenpraxis verstieß gegen die eigenen theoretischdramaturgischen Postulate. Denn der Jude Nathan zum Beispiel ist mit den deutschen Zuschauern nun wirklich nicht »vom gleichen Schrot und Korne«; die aus Nathans Biographie erwachsenden Ängste machen ihn ebenso zu einer besonderen und herausgehobenen Figur wie sein Reichtum und seine Weisheit. Während der Theoretiker Lessing forderte, die Tragödie dürfe kein »Murren wider die Vorsehung« entstehen lassen, schrieb der Autor Lessing eine *Emilia Galotti*, wo angesichts des Dramenschlusses ein solches »Murren« kaum ausbleiben kann.
Lessing, der Theaterkritiker, weiß in seiner *Hamburgischen Dramaturgie* durchaus etwas zur Verteidigung kunsttheoretischer Regeln zu sagen und stellt für den Bereich der dramatischen Literatur selbst Regeln auf. Einem selbstherrlichen Genie-Kult zuzustimmen, war er nicht bereit. Aber daß das Genie »die Probe aller Regeln in sich« hat und daß es sich durch nichts in der Welt, erst recht nicht durch theoretische Regeln, unterdrücken läßt (96. Stück), erwies Lessing in der eigenen schriftstellerischen Praxis.

Die Erziehung des Menschengeschlechts. Religionsphilosophischer Essay, die ersten 53 Paragraphen Anfang 1777 veröffentlicht, die ganze Schrift Ostern 1780 erschienen (jeweils ohne Verfasserangabe).

1777 und 1778 waren die Anfangsjahre des sogenannten Fragmentenstreits, der größten und heftigsten Debatte um theologische Themen seit der Reformation in Deutschland. Lessing hatte als Bibliothekar in Wolfenbüttel die christentumkritischen Schriften *Fragmente eines Ungenannten* veröffentlicht und um sie eine publizistische Debatte zu entfachen gewußt. Diese *Fragmente* hatte er von Hamburg aus mit nach Wolfenbüttel gebracht. Es handelte sich um die von ihrem Verfasser Johann Samuel Reimarus nicht veröffentlichte *Apologie oder Schutzschrift für die vernünftigen Verehrer Gottes*, die Lessing über Elise Reimarus, die Tochter des Verfassers, erhalten hatte. Lessing selbst, der für Bibliotheksveröffentlichungen von der Zensur befreit war, stellte es so hin, als habe er die *Schutzschrift* in der Wolfenbütteler Bibliothek gefunden; da sie ihn beunruhige, wolle er sie veröffentlichen, damit sie von kompetenten Lesern Widerspruch erfahre und entschärft werde. Er könne dem ungenannten Verfasser auch nicht zustimmen und wolle seinen Widerspruch in einer »Vorrede des Herausgebers« zu formulieren suchen. Tatsächlich gelang es Lessing, im Laufe der Zeit und durch eine geschickte Publikationsstrategie eine breite und erbitterte theologische Diskussion zu entfachen, wobei er selbst nun den Argumenten, die gegen den »Ungenannten« ins Feld geführt wurden, polemisch entgegentrat.[55] Daß dabei der Streit »den Geist der Prüfung«

55 Zur zeitlichen Abfolge des Fragmentenstreits vgl. die tabellarische Dokumentation bei: Barner (Anm. 19); zur inhaltlichen Struktur des Fragmentenstreits vgl. Wolfgang Kröger, *Das Publikum als Richter. Lessing und die ›Kleineren Respondenten‹ im Fragmentenstreit*, Nendeln-Wolfenbüttel 1979, und Gerhard Freund, *Theologie im Widerspruch. Die Lessing-Goeze-Kontroverse*, Stuttgart 1989; vgl. auch Bd. 9: *Werke 1778–1781* in der Lessing-Ausgabe des Deutschen Klas-

nähre,[56] schien wieder seine Leitlinie zu sein. In diesem Religionsstreit trat Lessing Ende des Jahres 1777 der Hamburger Hauptpastor Johann Melchior Goeze entgegen, und damit war Lessing nun selbst der Angegriffene. In seinen scharfen *Anti-Goeze-Schriften* von 1778 verteidigte sich Lessing, rechtfertigte seine Publikationsstrategien und ging frontal gegen den von Goeze behaupteten Wahrheitsbegriff einer christlichen Orthodoxie vor. Im Sommer 1778 konnte Goeze erreichen, daß der Braunschweigische Herzog seinen Hofbibliothekar Lessing in seiner publizistischen Freiheit einschränkte, indem er ihm weitere Veröffentlichungen im Streit um die *Fragmente* untersagte. Lessing, der solches »sehr ungnädig« vermerkt haben soll, wechselte daraufhin auf seine »alte Kanzel«, das Theater, und ließ den theologischen Streitschriften 1779 das *Nathan*-Drama folgen. 1780 veröffentlichte Lessing, allerdings ohne sich als ihr Verfasser zu erkennen zu geben, die kleine Schrift *Die Erziehung des Menschengeschlechts*. 53 der insgesamt 100 Abschnitte dieser Schrift hatte Lessing bereits im Rahmen seiner *Gegensätze des Herausgebers* 1777 dem Publikum vorgelegt. In diesen *Gegensätzen* hatte er sich solidarisch-kritisch mit dem »Ungenannten« und seinen *Fragmenten*, also mit Reimarus und seiner *Schutzschrift*, auseinandergesetzt, sich dabei aber als Verfasser der *Erziehung des Menschengeschlechts* nicht zu erkennen gegeben und nur geäußert: »Die Indiskretion, die ich damit begehe, weiß ich zu verantworten; und von der Lauterkeit der Absichten des Verfassers bin ich überzeugt« (GW 7,834 f.).

Die »Erziehungsschrift« bildet also so etwas wie den Rahmen zum Fragmentenstreit und gehört mit dem *Nathan*-Drama und den *Ernst und Falk*-Dialogen in einen engen

siker Verlags (Anm. 1), Frankfurt a. M. 1994, in dem die einschlägigen Schriften Lessings und seiner Kontrahenten versammelt sind.

56 So Lessing in seiner Vorrede zu *Wie die Alten den Tod gebildet* (einer Schrift aus seinem »antiquarischen Streit« mit dem Hallenser Professor Klotz).

Lessing. Schattenriß mit Autograph, 1780

thematischen Zusammenhang. Die in Paragraphen gegliederte und systematisch aufgebaute Schrift scheint Lessings »Grundauffassungen« wiederzugeben, von denen aus er seine polemischen Streifzüge organisiert hat. Doch gegenüber dieser Hypothese macht schon das Spiel um die Verfasserschaft skeptisch: Warum »steht« Lessing nicht zu dieser Schrift, die ein geschichtsphilosophisches Fortschrittsmodell entwirft? Warum relativiert er als »Herausgeber« 1780 den Verfasser als jemanden, der nur »etwas mehr, als den vorgeschriebenen Weg seines heutigen Tages zu übersehen glaubt« (Vorbericht), also als jemanden, der in dieser Beziehung nichts sicher weiß, sondern über Weitentferntes spekuliert?

Wie wird die geschichtsphilosophische Hypothese entfaltet? Und wie wird sie dargestellt? Die Menschheitsgeschichte wird als zielgerichtete Entwicklung betrachtet, die in ihrer Struktur dem Wachstumsprozeß des Menschen und seinem Erwachsenwerden verwandt ist. So wie dem einzelnen Menschen bei seiner Entwicklung durch die Erziehung geholfen wird, so wird das Menschengeschlecht insgesamt durch die göttliche Offenbarung erzogen. Dabei sind weder Erziehung noch Offenbarung als fremdbestimmende Faktoren von außen zu verstehen, sondern sie wirken befördernd in einem von innen her bestimmten, entelechischen Prozeß: »Erziehung gibt dem Menschen nichts, was er nicht auch aus sich selbst haben könnte: sie gibt ihm das, was er aus sich selber haben könnte, nur geschwinder und leichter. Also gibt auch die Offenbarung dem Menschengeschlechte nichts, worauf die menschliche Vernunft, sich selbst überlassen, nicht auch kommen würde: sondern sie gab und gibt ihm die wichtigsten dieser Dinge nur früher« (§ 4).

In drei Etappen versucht die »Erziehungsschrift« die Entwicklung der Menschheit zu beschreiben, wobei sie die individuell-biographische Entwicklung mit den Stufen der Kindheit, der Jugend und des Erwachsenenalters und das Drei-Reiche-Modell (Alter Bund, Neuer Bund, Drittes

Reich des Geistes) des Joachim von Fiore (1130–1202) in Beziehung setzt. In einem ersten Schritt hat sich Gott seinem Volk Israel geoffenbart und hat es durch Regeln und ein System von Strafe und Belohnung auf den Weg der Erkenntnis und des Monotheismus geführt. Das Babylonische Exil, jene Zeit der großen nationalen Krise und der Begegnung mit den Hochreligionen des Zweistromlandes, ließ die Israeliten das, was sie äußerlich gelernt hatten, kritisch prüfen und dadurch verinnerlichen: »So erleuchtet über ihre eignen unerkannten Schätze kamen sie zurück, und wurden ein ganz andres Volk« (§ 40). Die Erziehung durch die göttliche Offenbarung näherte sich einer neuen Etappe, einem neuen Bund, einem neuen Buch: »Ein beßrer Pädagog muß kommen, und dem Kinde das erschöpfte Elementarbuch aus den Händen reißen. – Christus kam« (§ 53).[57]

In dieser zweiten Epoche der Erziehung bzw. Entwicklung wurden zeitlich-innerweltliche Belohnungen und Strafen für das moralische Handeln entbehrlich, weil nun die Unsterblichkeit der Seele geglaubt wurde. Das Neue Testament konnte dafür als Lehrbuch dienen. Doch wie das Alte Testament, das so voller Vorausdeutungen und Anspielungen war, entbehrlich werden konnte (§ 72), so könnte auch das Neue Testament Wahrheiten enthalten, die erst noch entdeckt und von der Vernunft angeeignet werden müßten; in einem dritten Zeitalter könnte dann auch dies neue Elementarbuch entbehrlich sein. Und, so lauten die drängenden Fragen im Schlußteil der Schrift, wäre dies dritte Zeitalter nicht als Zeit der »völligen Aufklärung« zu bestimmen? Müßte dies dritte Zeitalter nicht »diejenige Reinigkeit des Herzens hervorbringen [...] , die uns, die Tugend um ihrer

57 Auch bei diesen Formulierungen ist deutlich, was Barner (Anm. 3) für den frühen Lessing und sein Gedicht zum Streit zwischen Abraham Hirschel und Voltaire nachweist: daß der Verfasser der *Juden* und des *Nathan* von Haus aus kein Philosemit gewesen ist; Lessing scheint in der »Erziehungsschrift« das christliche Schema vom neuen Bund, der den alten übertrifft und ersetzt, wie selbstverständlich anzuerkennen.

selbst zu lieben, fähig macht«? (§ 80). Diese »Zeit der Vollendung« (§ 85), »die Zeit des neuen ewigen Evangeliums« (§ 86) ist in den Elementarbüchern des Neuen Bundes versprochen und von »Schwärmern« wie Joachim von Fiore als Erwartung wiederbelebt worden. Solche Erwartungen sind unerfüllt geblieben, denn es ist nicht in der Macht des Individuums, das dritte Zeitalter herbeizuzwingen. Nur die »ewige Vorsehung« vermag diese Zeit heraufzuführen (§ 91). Aber ist dann die Anstrengung und die Sehnsucht des Einzelnen nicht ohne Sinn? Gegen diese beunruhigende Frage stellt der Autor der »Erziehungsschrift« die alten Gedanken der Wiedergeburtslehre und der Seelenwanderung. Demnach wäre es ja auch denkbar, daß der einzelne Mensch mit seiner individuellen Entwicklung als kleineres schnelleres Rad jenes große langsame Rad der Gesamtentwicklung antreibe (§ 92) und daß er »mehr als einmal auf dieser Welt vorhanden gewesen sein« könnte (§ 94).

Lessing verweigert diesem Entwurf, dieser geschichtsphilosophischen Hypothese seinen Namen. Aber nicht nur das: er stellt den eigenen Entwurf von vornherein und grundsätzlich in Frage. Denn er spielt die Möglichkeit durch, daß der Natur mit dem Ganzen nicht gelinge, was die Kunst mit dem Einzelnen zustande bringen kann. Der Aufschrei »Lästerung! Lästerung!« versucht den Gedanken zu verdrängen, aber er *ist* (§ 84) als Möglichkeit ausgesprochen. Und käme das dritte Zeitalter der Vollendung *nicht*, dann wäre das Neue Testament nicht voller Verheißungen und Anspielungen, sondern voller Lügen und Blendwerk. Und dann gäbe es keine Entwicklung in der menschlichen Geschichte, sondern nur Täuschung und Enttäuschung.

Eine Anekdote erzählt, Lessing habe durchaus nicht an die Realisierung seiner Utopie geglaubt: Karl August Böttiger berichtet von seiner Unterredung mit Elise Reimarus in Hamburg 1795, in der man auf die *Erziehung des Menschengeschlechts* zu sprechen gekommen sei: »Hier funkelte ihr Auge und sie versicherte mich nun mit Innigkeit, daß sie seit vielen Jahren an dies Gedicht gutmüthiger Schwärmerei nicht mehr glauben könne. Zugleich erfuhr ich die Anekdote, daß *Lessing* selbst zu der Zeit, wo er seine Erziehung des Menschengeschlechts herausgab, nicht mehr an diesen früher geträumten Traum geglaubt [. . .]. Daß es Lessingen selbst damit kein Ernst gewesen sei, beweisen auch, recht verstanden, mehrere Stellen seines Nathan.«[58]

Es gilt also auch, ja ganz besonders für die *Erziehung des Menschengeschlechts*: »*Resultat*: Das ist kein Lessing-Wort.«[59] Es geht diesem Aufklärer um die Fragen, nicht um die Antworten. *Die Erziehung des Menschengeschlechts* scheint, auch von ihrer Form her, auf Definitionen und widerspruchsfreie Thesen hinzuzielen. Aber »je weiter der Diskurs voranschreitet, desto dramatischer werden, wiederum in Spruch und Widerspruch zerteilt, die Antithesen, und je deutlicher das Ende abzusehen ist, desto stärker wachsen, durch Fragezeichen verdeutlicht, die Zweifel, bis sich am Ende, in den drei Schlußparagraphen, die Erwägungen überstürzen – lauter Fragen und keine Antwort! – um sich, wie die Akteure bei einem Kehraus auf dem Theater, vom Leser zu verabschieden (möge *er* jetzt entscheiden!): [. . .] *Den Vorhang zu und alle Fragen offen.*«[60]

Das ist der Stil Lessings, der inhaltlich bestätigt, was der ganzen »Erziehungsschrift« als Motto vorausgeht: »All dies ist aus denselben Gründen in gewisser Hinsicht wahr, aus denen es in gewisser Hinsicht falsch ist.«[61] Für Lessing ist die den Leser provozierende und zum Weiterdenken bewegende Form der Aporie und des Selbstwiderspruchs die angemessene Art, von »Wahrheit« und »Hoffnung auf Aufklärung« zu sprechen.

58 Zitiert bei: Barner (Anm. 19), S. 329 f.
59 Jens (Anm. 37), S. 121.
60 Jens (Anm. 37), S. 118 f.
61 »Haec omnia inde esse in quibusdam vera, unde in quibusdam falsa sunt.« Dieses Augustinus-Zitat hat Lessing 1780 der Schrift vorangestellt.

IV. Literaturhinweise

1. Werke

a) Gesamtausgaben

Sämtliche Schriften. Hrsg. von Karl Lachmann. 3., verm. Aufl. bes. durch Franz Muncker. 23 Bde. Stuttgart/Berlin/Leipzig: Göschen / de Gruyter, 1886–1924. Nachdr. Berlin 1968.

Werke. Ausgabe in 25 Teilen. Hrsg. von Julius Petersen und Waldemar von Olshausen. Berlin/Leipzig/Wien/Stuttgart: Bong [1925 bis 1935]. Nachdr. Hildesheim 1970.

Gesammelte Werke. Hrsg. von Paul Rilla. 10 Bde. Berlin/Weimar: Aufbau-Verlag, [2]1968. [Zitiert als: GW.]

Werke. In Zusammenarb. mit Karl Eibl, Helmut Göbel, Karl S. Guthke, Gerd Hillen, Albert von Schirnding und Jörg Schönert hrsg. von Herbert G. Göpfert. 8 Bde. München: Hanser, 1970 bis 1979.

Werke und Briefe in zwölf Bänden. Hrsg. von Wilfried Barner zus. mit Klaus Bohnen, Gunter E. Grimm, Helmuth Kiesel, Arno Schilson, Jürgen Stenzel und Conrad Wiedemann. Frankfurt a. M.: Deutscher Klassiker Verlag, 1985 ff.

b) Weitere Ausgaben

Briefe, die neueste Literatur betreffend. Hrsg. und komm. von Wolfgang Bender. Stuttgart: Reclam, 1972. (Universal-Bibliothek. 9339.)

D. Faust. Die Matrone von Ephesus. Fragmente. Mit einem Nachw. von Karl S. Guthke. Stuttgart: Reclam, 1968. (Universal-Bibliothek. 6719.)

Emilia Galotti. Anm. von Jan-Dirk Müller. Stuttgart: Reclam, 1994. (Universal-Bibliothek. 45.)

Die Erziehung des Menschengeschlechts und andere Schriften. Mit einem Nachw. von Helmut Thielicke. Stuttgart: Reclam, 1965. (Universal-Bibliothek. 8968.)

Fabeln. Abhandlungen über die Fabel. Hrsg. von Heinz Röllecke. Stuttgart: Reclam, 1967. (Universal-Bibliothek. 27.)

Der Freigeist. Nachw. und Anm. von Klaus Bohnen. Stuttgart: Reclam, 1980. (Universal-Bibliothek. 9981.)
Hamburgische Dramaturgie. Hrsg. und komm. von Klaus L. Berghahn. Stuttgart: Reclam, 1981. (Universal-Bibliothek. 7738.)
Die Juden. Mit Dokumenten zur Entstehung und Wirkung hrsg. von Wilhelm Große. Stuttgart: Reclam, 1981. (Universal-Bibliothek. 7679.)
Der junge Gelehrte. Mit einem Nachw. und Erl. von Alfred Anger. Erg. Ausg. Stuttgart: Reclam, 1965. (Universal-Bibliothek. 37.)
Kritik und Dramaturgie. Ausgewählte Prosa. Ausw. und Nachw. von Karl Hans Bühner. Stuttgart: Reclam, 1964. (Universal-Bibliothek. 7793.)
Laokoon oder Über die Grenzen der Malerei und Poesie. Mit einem Nachw. von Ingrid Kreuzer. Stuttgart: Reclam, 1964. (Universal-Bibliothek. 271.)
Minna von Barnhelm oder das Soldatenglück. Mit einem Anh.: Zur Entstehung und Wirkung von Lessings *Minna von Barnhelm*. Stuttgart: Reclam, 1965. (Universal-Bibliothek. 10.)
Miss Sara Sampson. Mit einem Nachw. von Erwin Leibfried. Stuttgart: Reclam, 1979. (Universal-Bibliothek. 16.)
Nathan der Weise. Anm. von Peter von Düffel. Stuttgart: Reclam, 1990. (Universal-Bibliothek. 3.)
Sämtliche Gedichte. Hrsg. von Gunter E. Grimm. Stuttgart: Reclam, 1987. (Universal-Bibliothek. 28.)
Der Schatz. In: Lustspiele der Aufklärung in einem Akt. Hrsg. von Georg Michael Schulz. Stuttgart: Reclam, 1986. (Universal-Bibliothek. 8350.)
Über die Wahrheit. In: Was ist Aufklärung? Thesen und Definitionen. Hrsg. von Ehrhard Bahr. Stuttgart: Reclam, 1974 (Universal-Bibliothek. 9714.)
Wie die Alten den Tod gebildet. Eine Untersuchung. Hrsg. von Ludwig Uhlig. Stuttgart: Reclam, 1984. (Universal-Bibliothek. 8027.)

2. Bibliographien

Lessing-Bibliographie. Bearb. von Siegfried Seifert. Berlin/Weimar 1973.
Lessing-Bibliographie 1971–1985. Bearb. von Doris Kuhles unter Mitarb. von Erdmann von Wilamowitz-Moellendorff. Berlin 1988.

3. Forschungsliteratur

Altenhofer, Norbert: Gotthold Ephraim Lessing. In: Deutsche Dichter. Bd. 3: Aufklärung und Empfindsamkeit. Hrsg. von Gunter E. Grimm und Frank Rainer Max. Stuttgart: Reclam, 1988. (Universal-Bibliothek. 8613.) S. 184–332.

Barner, Wilfried: Produktive Rezeption. Lessing und die Tragödien Senecas. München 1973.

– »Zu viele Thränen – nur Keime von Thränen«. Über *Miß Sara Sampson* und *Emilia Galotti* beim zeitgenössischen Publikum. In: Das weinende Saeculum. Colloquium der Arbeitsstelle 18. Jahrhundert. Gesamthochschule Wuppertal – Universität Münster. Heidelberg 1983. S. 89–105.

– /A. M. Reh (Hrsg.): Nation und Gelehrtenrepublik. Lessing im europäischen Zusammenhang. Detroit/München 1984.

– Vorurteil, Empirie, Rettung. Der junge Lessing und die Juden. In: Bulletin des Leo Baeck Instituts Nr. 69 (1984) S. 29–51. Auch in: Juden und Judentum in der Literatur. Hrsg. von Herbert A. Strauss und Christhard Hoffmann. München 1985. S. 52–77.

– Vergnügen, Erkenntnis, Kritik. Zum Epigramm und seiner Tradition in der Neuzeit. In: Gymnasium 92 (1985). (Vorträge von der Tagung des Deutschen Altphilologenverbandes in Frankfurt a. M. 1984.)

– / Gunter E. Grimm / Helmuth Kiesel / Martin Kramer unter Mitw. von Volker Badstübner und Rolf Kellner: Lessing: Epoche – Werk – Wirkung. 5., neubearb. Aufl. München 1987. (Arbeitsbücher für den literaturgeschichtlichen Unterricht. Beck'sche Elementarbücher.)

– Autorität und Anmaßung. Über Lessings polemische Strategien, vornehmlich im antiquarischen Streit. In: Streitkultur. Strategien des Überzeugens im Werk Lessings. Referate der Internationalen Lessing-Tagung der Albert-Ludwigs-Universität Freiburg und der Lessing Society an der University of Cincinnati, Ohio (USA), vom 22. bis 24. Mai 1991 in Freiburg i. Br. Hrsg. von Wolfram Mauser und Günter Saße. Tübingen 1993. S. 15–37.

Bauer, Gerhard und Sibylle (Hrsg.): Gotthold Ephraim Lessing. Darmstadt 1968. (Wege der Forschung. 211.)

Bohnen, Klaus: Geist und Buchstabe. Zum Prinzip des kritischen Verfahrens in Lessings literarästhetischen und theologischen Schriften. Köln/Wien 1974.

Bohnen, Klaus (Hrsg.): Lessings *Nathan der Weise*. Darmstadt 1984. (Wege der Forschung. 587.)

Bollacher, Martin: Lessing: Vernunft und Geschichte. Untersuchungen zum Problem religiöser Aufklärung in den Spätschriften. Tübingen 1978.

Braun, Julius W. (Hrsg.): Lessing im Urtheile seiner Zeitgenossen. Zeitungskritiken, Berichte und Notizen, Lessing und seine Werke betreffend, aus den Jahren 1747–1781. 3 Bde. Berlin 1884–97. Nachdr. Hildesheim 1969.

Briegleb, Klaus: Lessings Anfänge 1742–1746. Zur Grundlegung kritischer Sprachdemokratie. Frankfurt a. M. 1971.

Daunicht, Richard (Hrsg.): Lessing im Gespräch. Berichte und Urteile von Freunden und Zeitgenossen. München 1971.

Drews, Wolfgang: Gotthold Ephraim Lessing. Mit Selbstzeugnissen und Bilddokumenten. Reinbek bei Hamburg 1962. (rowohlts monographien. 75.)

Düffel, Peter von (Hrsg.): Erläuterungen und Dokumente: Gotthold Ephraim Lessing, *Nathan der Weise*. Stuttgart 1972. (Reclams Universal-Bibliothek. 8118.)

Durzak, Manfred: Zu Gotthold Ephraim Lessing. Poesie im bürgerlichen Zeitalter. Stuttgart 1984.

Dyck, Joachim: *Minna von Barnhelm* oder: Die Kosten des Glücks. Komödie von G. E. Lessing. Über Wirte als Spitzel, preußische Disziplin, Lessing im Kriege, frisches Geld und das begeisterte Publikum. Berlin 1981.

Freund, Gerhard: Theologie im Widerspruch. Die Lessing-Goeze-Kontroverse. Stuttgart 1989.

Göbel, Helmut: Bild und Sprache bei Lessing. München 1971.

Guthke, Karl, S.: Literarisches Leben im 18. Jahrhundert in Deutschland und in der Schweiz. Bern/München 1975.

– Lessings Problemkomödie *Die Juden*. In: Wissen aus Erfahrung. Festschrift für Herman Meyer. Hrsg. von Alexander von Borman. Tübingen 1976. S. 122–134.

– Gotthold Ephraim Lessing. Stuttgart ³1979.

– Das deutsche bürgerliche Trauerspiel. Stuttgart ³1980.

– Das Abenteuer der Literatur. Studien zum literarischen Leben der deutschsprachigen Länder von der Aufklärung bis zum Exil. Bern/München 1981.

Harth, Dietrich: G. E. Lessing oder die Paradoxien der Selbsterkenntnis. München 1993.

Hasenclever, Volker F. W. (Hrsg.): Denken als Widerspruch. Reden zum Lessing-Preis. Plädoyers gegen die Irrationalität oder ist Vernunft nicht mehr gefragt? Frankfurt a. M. 1982.
Hein, Jürgen (Hrsg.): Erläuterungen und Dokumente: Gotthold Ephraim Lessing, *Minna von Barnhelm*. Stuttgart 1970. (Reclams Universal-Bibliothek. 8108.)
Hildebrandt, Dieter: Lessing. Biographie einer Emanzipation. Frankfurt/Berlin/Wien 1982.
Interpretationen: Lessings Dramen (*Miß Sara Sampson, Minna von Barnhelm, Emilia Galotti, Nathan der Weise*). Stuttgart 1987. (Reclams Universal-Bibliothek. 8411.)
Jens, Walter: In Sachen Lessing. Vorträge und Essays. Stuttgart 1983. (Reclams Universal-Bibliothek. 7931.)
Kröger, Wolfgang: Das Publikum als Richter. Lessing und die »kleineren Respondenten« im Fragmentenstreit. Nendeln 1979. (Wolfenbütteler Forschungen. 5.)
Lessing-Yearbook. Vol. 1 (1969) München/Detroit 1969 ff.
Lorey, Christoph: Lessings Familienbild im Wechselbereich von Gesellschaft und Individuum. Bonn/Berlin 1992. (Abhandlungen zur Kunst-, Musik- und Literaturwissenschaft. 392.)
Lüpke, Johannes von: Wege der Weisheit. Studien zu Lessings Theologiekritik. Göttingen 1989.
Mauser, Wolfram / Günter Saße (Hrsg.): Streitkultur. Strategien des Überzeugens im Werk Lessings. Tübingen 1993.
Mehring, Franz: Die Lessing-Legende. Eine Rettung. Nebst einem Anhange über den historischen Materialismus. Stuttgart 1893.
Michelsen, Peter: Der Kritiker des Details. Lessing in den *Briefen die Neueste Literatur betreffend*. In: Wolfenbütteler Studien zur Aufklärung. Bd. 2. Hrsg. von Günter Schulz. Wolfenbüttel 1975. S. 148–181.
– Der unruhige Bürger. Studien zu Lessing und zur Literatur des 18. Jahrhunderts. Würzburg 1990.
Müller, Jan-Dirk (Hrsg.): Erläuterungen und Dokumente: Gotthold Ephraim Lessing, *Emilia Galotti*. Stuttgart 1971. (Reclams Universal-Bibliothek. 8111.)
Neumann, Peter Horst: Der Preis der Mündigkeit. Über Lessings Dramen. Stuttgart 1977.
Niewöhner, Friedrich: Veritas sive Varietas. Lessings Toleranzparabel und das Buch Von den drei Betrügern. Heidelberg 1988. (Veröffentlichung der Lessing-Akademie Wolfenbüttel.)

Oelmüller, Willi: Die unbefriedigte Aufklärung. Beiträge zu einer Theorie der Moderne von Lessing, Kant und Hegel. Frankfurt a. M. 1969.

Pelters, Wilm: Lessings Standort. Sinndeutung der Geschichte als Kern seines Denkens. Heidelberg 1972.

Pütz, Peter: Die Leistung der Form. Lessings Dramen. Frankfurt a. M. 1986.

Richel, Veronica (Hrsg.): Erläuterungen und Dokumente: Gotthold Ephraim Lessing, *Miss Sara Sampson*. Stuttgart 1985. (Reclams Universal-Bibliothek. 8169.)

Sanna, Simonetta: Lessings *Minna von Barnhelm* im Gegenlicht. Glück und Unglück der Soldaten. Frankfurt a. M. / New York / Paris / Wien 1994. (IRIS. 7.)

Saße, Günter: Liebe und Ehe. Oder: Wie sich die Spontaneität des Herzens zu den Normen der Gesellschaft verhält. Lessings *Minna von Barnhelm*. Tübingen 1993.

Schilson, Arno: Geschichte im Horizont der Vorsehung. G. E. Lessings Beitrag zu einer Theologie der Geschichte. Mainz 1974.

Schings, Hans-Jürgen: Der mitleidigste Mensch ist der beste Mensch. Poetik des Mitleids von Lessing bis Büchner. München 1980.

Schröder, Jürgen: Gotthold Ephraim Lessing. Sprache und Drama. München 1972.

Schultze, Harald: Lessings Toleranzbegriff. Eine theologische Studie. Göttingen 1969.

Schulz, Ursula: Lessing auf der Bühne. Chronik der Theateraufführungen. 1748–1789. Bremen/Wolfenbüttel 1977. (Repertorien zur Erforschung der frühen Neuzeit. 2.)

Seeba, Hinrich C.: Die Liebe zur Sache. Öffentliches und privates Interesse in Lessings Dramen. Tübingen 1973.

– Das Bild der Familie bei Lessing. Zur sozialen Integration im bürgerlichen Trauerspiel. In: Lessing in heutiger Sicht. Beiträge zur Internationalen Lessing-Konferenz Cincinnati 1976. Hrsg. von Edward P. Harris und Richard E. Schade. Bremen/Wolfenbüttel 1977. S. 307–321.

Stadelmaier, Gerhard: Lessing auf der Bühne. Ein Klassiker im Theateralltag (1968–74). Tübingen 1980. (Medien in Forschung und Unterricht. A. 2.)

Steinmetz, Horst (Hrsg.): Lessing – ein unpoetischer Dichter. Dokumente aus drei Jahrhunderten zur Wirkungsgeschichte Lessings in Deutschland. Frankfurt/Bonn 1969.

Steinmetz, Horst: Aufklärung und Tragödie. Lessings Tragödien vor dem Hintergrund des Trauerspielmodells der Aufklärung. In: Amsterdamer Beiträge zur neueren Germanistik. Hrsg. von Gerd Labroisse. Bd. 1 (1972) S. 3–41.

– *Minna von Barnhelm* oder die Schwierigkeit, ein Lustspiel zu verstehen. In: Wissen aus Erfahrung. Festschrift für Herman Meyer. Hrsg. von Alexander von Borman. Tübingen 1976. S. 135–153.

Ter-Nedden, Gisbert: Lessings Trauerspiele. Der Ursprung des modernen Dramas aus dem Geist der Kritik. Stuttgart 1986.

Wehrli, Beatrice: Kommunikative Wahrheitsfindung. Zur Funktion der Sprache in Lessings Dramen. Tübingen 1983.

Wölfel, Kurt (Hrsg.): Lessings Leben und Werk in Daten und Bildern. Frankfurt a. M. 1967.

V. Abbildungsnachweis

9 Lessing. Gemälde von Anton Graff, 1771. Herzog August Bibliothek, Wolfenbüttel. Foto: Verlagsarchiv.
13 Eva König. Gemälde von Georges Desmarées. Lessinghaus, Wolfenbüttel. Foto: Herzog August Bibliothek, Wolfenbüttel.
15 Lessings Totenmaske, abgenommen 16. Februar 1781. Herzog August Bibliothek, Wolfenbüttel. Foto: Herzog August Bibliothek.
22 Brief an Eschenburg vom 31. Dezember 1777 (Faksimile). Herzog August Bibliothek, Wolfenbüttel. Foto: Verlagsarchiv.
45 Emilia Galotti. Titelblatt der Erstausgabe 1772. Foto: Verlagsarchiv.
61 Nathan der Weise: Ernst Deutsch als Nathan, Schiller-Theater Berlin, 1955. Foto: Ruth Wilhelmi, Berlin.
62 Nathan der Weise: Traugott Buhre als Nathan. Inszenierung von Claus Peymann in Bochum, 1981. Foto: Abisag Tüllmann.
79 Moses Mendelssohn. Stich von August Weger nach einem Gemälde von Johann Christoph Frisch. Foto: Verlagsarchiv.
85 Laokoon-Gruppe, Vatikan. Foto: Verlagsarchiv.
95 Lessing. Schattenriß mit Autograph, 1780. Foto: Verlagsarchiv.

Literaturwissen

für Schule und Studium

In der Reihe *Literaturwissen* erscheinen Einführungen zu wichtigen in den schulischen Literaturkursen vorzugsweise gelesenen Autoren. *Literaturwissen* bietet Grundwissen für Schüler in konzentrierter Form: Autor und Werk in knapper literaturgeschichtlicher Einordnung, Inhaltsangaben und Interpretationen der in der Schule behandelten Texte, Literaturhinweise und Abbildungen.

Alfred Andersch. Von Reiner Poppe. 120 S. 6 Abb. UB 15219

Heinrich Böll. Von Helmut Bernsmeier. 151 S. 10 Abb. UB 15211

Bertolt Brecht. Von Franz-Josef Payrhuber. 176 S. 9 Abb. UB 15207

Georg Büchner. Von Karlheinz Hasselbach. 108 S. 7 Abb. UB 15212

Friedrich Dürrenmatt. Von Wilhelm Große. 176 S. 11 Abb. UB 15214

Theodor Fontane. Von Theodor Pelster. 116 S. 10 Abb. UB 15213

Max Frisch. Von Klaus Müller-Salget. 141 S. 10 Abb. UB 15210

Johann Wolfgang Goethe. Von Kurt Rothmann. 158 S. 10 Abb. UB 15201

Günter Grass. Von Theodor Pelster. 132 S. 11 Abb. UB 15220

Gerhart Hauptmann. Von Franz-Josef Payrhuber. 104 S. 9 Abb. UB 15215

Hermann Hesse. Von Helga Esselborn-Krumbiegel. 115 S. 9 Abb. UB 15208

Franz Kafka. Von Carsten Schlingmann. 168 S. 11 Abb. UB 15204

Gottfried Keller. Von Klaus-Dieter Metz. 143 S. 7 Abb. UB 15205

Heinrich von Kleist. Von Sabine Doering. 123 S. 10 Abb. UB 15209

Gotthold Ephraim Lessing. Von Wolfgang Kröger. 106 S. 10 Abb. UB 15206

Thomas Mann. Von Ulrich Karthaus. 115 S. 7 Abb. UB 15203

Conrad Ferdinand Meyer. Von Theodor Pelster. 119 S. 9 Abb. UB 15216

Friedrich Schiller. Von Walter Schafarschik. 182 S. 13. Abb UB 15218

Adalbert Stifter. Von Karl Pörnbacher. 144 S. 9 Abb. UB 15217

Theodor Storm. Von Winfried Freund. 136 S. 6 Abb. UB 15202

Philipp Reclam jun. Stuttgart